「구미의 역사문화인물」 시리즈는 〈사단법인 여헌학연구회〉가 구미시의 지원을 받아
출간하는 총서입니다.

구미의 역사문화인물 ①
야은 길재, 불사이군의 충절

기획∥사단법인 여헌학연구회
지은이∥김용헌
펴낸이∥오정혜
펴낸곳∥예문서원

편집∥유미희
디자인∥김세연
인쇄 및 제본∥㈜ 상지사 P&B

초판 1쇄∥2015년 12월 22일

주소∥서울시 성북구 안암로 9길 13
출판등록∥1993년 1월 7일 (제307-2010-51호)
전화∥02-925-5913~4 / 팩스∥02-929-2285
Homepage∥http://www.yemoon.com
E-mail∥yemoonsw@empas.com

ISBN 978-89-7646-342-5   03900
© 金容憲 2015 Printed in Seoul, Korea

YEMOONSEOWON 13, Anam-ro 9-gil, Seongbuk-Gu Seoul KOREA 136-074
Tel) 02-925-5913~4, Fax) 02-929-2285

값 16,000원

구미의 역사문화인물 [1]

야은 길재, 불사이군의 충절

구미의 역사문화인물 ①

야은 길재, 불사이군의 충절

김용헌 지음

예문서원

'구미의 新문화르네상스'의
밑거름이 되길 기대하며

경상북도 서남부에 위치한 구미시龜尾市는 일반 시민들에게 한국 근대화의 중심 도시이자 첨단 IT산업도시로 알려져 있습니다. 하지만 근대화 이전인 전통 시대의 구미시는 신라 불교의 초전지로서 한국 불교문화佛教文化의 융성을 이끈 중심지였을 뿐만 아니라 고려와 조선시대를 거치면서 한국 유학의 중심으로서 수많은 유현儒賢들을 배출한 유서 깊은 영남 문화의 중심지였습니다. 그래서 『택리지擇里志』의 저자 이중환李重煥은 "전해 오는 말에 '조선 인재의 반은 영남에 있고, 영남 인재의 반은 일선—善, 즉 구미에 있다'고 한다"며 구미지역이 영남을 넘어 우리나라 인재의 부고府庫이자 정신문화精神文化의 산실임을 확인하였습니다.

전통은 오래된 미래라고 합니다. 과거 우리 선조들이 이룩한 문화 전통은 오늘의 우리를 만든 밑거름이자 새로운 미래를 기약하는 비전입니다. 따라서 21세기 세계 속의 명품도시로 거듭나기 위해 구미시가 추진하고 있는 '위대한 구미, 찬란한 구미'를 열어가기 위한 도전은 그 어떤 것에 앞서 우리 지역의 역사문화 전통에 기반하여야 할 것입니다. 이러한 측면에서 올해 처음 발간을 시작하는 「구미의 역사문화인물」 시리즈는 구미시의 역사문화 전통을 재삼 확인하고, 나아가 미래첨단도시이자 역사문화도시로서 구미의 위상을 확립하는 하나의 계기가 될 것이라 생각합니다.

특히 구미지역의 찬란한 문화전통을 수립한 수많은 선조들의 삶과 업적을 현대적 시각에서 재조명하는 이 시리즈는 역사문화도시로서 구미시의 위상을 확립하는 밑거름이 될 것입니다. 그리고 영남을 넘어 우리나라 전체에서 손꼽히는 역사문화도시임에도 불구하고 그동안 산업화의 도시로만 알려져 우리 지역의 역사성이 퇴색되었던 것을 오늘에 되살리고, 새로운 구미시의 미래를 개척하는 소중한 자산으로 이 시리즈가 기여할 것이라 믿어 의심치 않습니다.

이번에 첫 결실을 맺고 출발을 알리는 「구미의 역사문화인물」 시리즈는 본궤도에 오른 지방자치시대를 맞아 42만 구미 시민에게 지역에 대한 자부심과 자긍심을 높이고, 나아가 구미시민으로서의 정체성을 확립하는 하나의 계기가 되어야 할 것입니다. 특히 자라나는 구미지역의 청소년에게 지역의 소중한 문화전통을 올바로 가르치고, 문화적 유산은 물론 윤리적 전통을 계승하게 하여 참다운 지역 시민으로 성장하는 밑거름이 되어야 할 것입니다.

「구미의 역사문화인물」 시리즈는 지난 2003년, 한국 유학의 중심 맥락에 위치하는 '여헌학' 의 진흥과 '여헌학' 을 포함한 한국학의 지속적인 성장을 도모하기 위해 출범한 〈사단법인 여헌학연구회〉가 기획하여 시작하였습니다. 일찍부터 지역의 문화적 전통에 관심을 기울여 온 〈사단법인 여헌학연구회〉는 여헌 선생의 학문적 업적에 대한 현양에만 한정하지 않고, 구미지역의 여러 유헌 및 선조들의 업적을 발굴하여 선양하는데 관심을 가지고 있습니다.

〈사단법인 여헌학연구회〉는 이러한 관심을 처음으로 현실화하는 이번 시리즈의 첫 결실인 야은冶隱 길재吉再 선생과 점필재佔畢齋 김종직金宗直 선생에 대한 평전 형식의 단행본을 통해 선산善山과 인동仁同을 포함하는 구미지역에서 배출한 의미 있는 인물의 행적과 업적이 객관적이면서도 의미 있게 드러나길 기대하고 있습니다. 그리고 이 시리즈를 통해 과거 찬란했던 구미시의 역사문화가 더욱 빛을 발하고, 온전한 평가를 받을 수 있길 희망하고 있습니다. 그리하여 과거와 현재, 그리고 미래가 공존하는 지방자치의 전형으로서 구미시의 위상이 제대로 갖추어지길 기대하고 있습니다.

이러한 기대와 바람을 현실화시키기 위한 우리의 노력이 결실을 맺게 된 데에는 경상북도 구미시의 아낌없는 지원이 큰 힘이 되었습니다. 구미지역의 전통문화자원의 개발에 관심이 많은 남유진 구미시장님의 아낌없는 관심과 지원, 그리고 구미시의 행·재정적 지원이 어우러져 이번 시리즈가 첫 결실을 맺게 된 것입니다. 지면을 빌려 남유진 시장님과 구미시 관계자 여러분께 감사의 인사를 전합니다. 아울러 「구미의 역사문화인물」 시리즈를 기획하고 편찬을 주도하고 있는 〈사단법인 여헌학연구회〉 임원진과 직접 집필을 맡아 수고를 아끼지 않으신 교수님께도 회원들의 정성을 담아 감사를 드립니다.

이 시리즈를 비롯하여 〈사단법인 여헌학연구회〉에서 추진하는 오늘의 작은 노력이 향후 위대한 성취로 이어지길 기원합니다. 그리고 이 시리즈를 비롯하여 〈사단법인 여헌학연구회〉의 사업들이 '구미의 문화르네상스'를 열어 가는 밑거름이 되길 기대합니다. 감사합니다.

2015. 12.
사단법인 여헌학연구회 이사장
교육학 박사 장이권

지역발전을 선도할
'구미학' 수립을 기대하며

영남嶺南의 중심 도시이자 한국 산업화의 메카로 손꼽히는 우리 구미시龜尾市는 자연自然과 인간人間, 전통傳統과 미래未來가 어우러진 '풍요豊饒의 땅'으로 알려져 왔습니다. 영남 팔경八景의 하나이자 수많은 전설을 품고 있는 금오산金烏山을 위시하여 천생산天生山과 태조산太祖山 등이 병풍처럼 도시를 감싸 안고, 도심都心을 관류하는 영남의 젖줄 낙동강洛東江이 드넓게 펼쳐진 들판에 풍요로움을 더하는 구미의 자연환경은 일찍부터 우리 고장을 사람 살기 좋은 고장으로 만드는 밑거름이 되었습니다.

천혜의 자연환경을 밑거름으로 우리 고장 출신의 선조들은 일찍부터 지역의 정체성 수립은 물론이거니와 우리나라 문화와 역사 발전을 위해 뚜렷한 성취를 이루어 냈습니다. 특히 유교문화를 비롯하여 다양한 방면에서 이루어진 지역 내 선조들의 성취는 우리 지역이 영남문화의 중심지, 나아가 정신문화의 메카로 자리 잡는 데 크게 기여하였습니다.

이러한 우리 지역의 자랑스러운 역사와 문화 전통은 20세기 중반 이후 본격화하는 한국의 근대화 과정에서 우리 지역이 산업화의 메카로 발돋움하는 데 밑거름이 되었다고 하겠습니다. 그리고 세계화시대가 본격화하고 무한경쟁시대에 접어든 오늘날에도 우리 지역의 역사문화 전통은 경쟁력 있는 우리 지역의 새로운 미래를 창조하는 기반으로서 그 역할을 다할 것이라 믿어 의심치 않습니다.

우리 구미의 자랑스러운 역사와 문화 전통에 대한 지역민의 관심은 그동안 간헐적으로 제기되어 왔습니다. 1990년대 이후 본격화한 지방자치가 보다 성숙되면서 지역민의 지역에 대한 관심은 더욱 확대되고 있으며, 이러한 과정에서 특히 우리 지역의 역사와 문화 전통에 대한 관심은 더욱 확장되고 있습니다. 하지만 우리 지역의 역사적 전통에 대한 지역민의 관심이 증가하고 있지만, 그 관심을 체계적으로 수용하는 데에는 일정 정도 한계점을 보여 왔던 것이 저간의 사정이기도 합니다. 물론 지역의 역사적 전통을 정리하고 체계화하려는 시도가 없었던 것은 아니지만, 타 지역을 뛰어넘는 구체적이면서도 뚜렷한 성취는 이루어 내지 못한 것도 또한 사실입니다.

이러한 그간의 사정에 비추어 〈사단법인 여헌학연구회〉가 미약하지만 구미시의 지원을 받아 「구미의 역사문화인물」 시리즈를 본격적으로 발간하기 시작한 것은 특기할 만한 성취의 첫 걸음이라 평가할 수 있을 것입니다. 더구나 구미시의 제안이 아니라 〈사단법인 여헌학연구회〉가 자발적으로 지역의 역사적 전통에 관심을 두고 지역 문화 및 지역의 정체성을 확립하기 위해 여러 사업을 본격화하였다는 사실은 향후 시의 지속적인 행정적 재정적 지원만 이루어진다면 지역학으로서 '구미학'의 정립에 크게 기여할 수 있을 것으로 기대된다는 점에서 더욱 주목된다고 하겠습니다.

그동안 구체적으로 밝히지는 못하였지만, 구미시의 운영을 책임지는 자리에 있으면서 본인은 여러 가지 주요 사안들을 추진하면서 미처 관심을 쏟지 못하였던 '구미학龜尾學'의 구체화에 관심을 가지고 있습니다. '구미학'은 선산과 인동을 포함하는 우리 지역의 뿌리와 특질을 찾아내어 우리 지역의 정체성을 정립하고, 이를 지역민이 공유하며, 구미지역의 지속적인 발전의 기반으로 삼는 유무형의 자산을 체계화하는 것입니다. 1993년 서울 지역에서 '서울학'의 정립을 본격적으로 시작한 이래, 크고 작은 지방자치단체가 해당 지역을 대상으로 하는 지역학 정립에 힘을 쏟고 있습니다. 우리 구미도 지방자치의 성숙에 발맞추어 지역민의 통합과 지역 발전의 밑거름으로서 '구미학'의 구체화가 필요하며, 이러한 점에서 〈사단법인 여헌학연구회〉가 시작한 「구미의 역사문화인물」 시리즈 발간은 그 의미가 작지 않다고 할 것입니다.

　우리 구미시는 대한민국의 미래 성장 동력으로 기능할 첨단 산업단지와 더불어 날로 발전하는 정주여건을 바탕으로 머지않은 장래에 '인구 50만 시대'를 기대하고 있습니다. 더불어 세계 속의 명품도시 구미를 만들기 위한 '구미 르네상스시대' 개척에도 시민과 더불어 심혈을 기울이고 있습니다. 이러한 구미시의 위대한 도정道程에 〈사단법인 여헌학연구회〉가 발간을 주도한 「구미의 역사문화인물」 시리즈는 시 발전의 또 다른 밑거름이 될 것입니다. 지면을 빌려 장이권 이사장님을 비롯한 관계자 여러분의 노고에 깊이 감사드리며, 앞으로도 이 시리즈가 더욱 발전할 수 있도록 행·재정적 지원을 아끼지 않을 것을 약속드립니다. 아울러 여러 가지로 바쁜 가운데에도 집필을 맡아주신 필진 교수님들께도 감사의 인사를 전합니다.

　꿈과 비전, 그리고 무한한 가능성을 바탕으로 21세기를 선도하는 세계 속의 명품도시 구미시에 보내 주신 성원에 감사드리며, 이 시리즈가 더욱 번성하길 기원합니다. 감사합니다.

2015. 12.
구미시장
남유진

어느 시인은 「채미정 가는 길」을 이렇게 노래했다.

산새도 떠나간 겨울 호수에
그 추억 그리워 홀로 찾았네.
그날의 진실은 얼어 버리고
굳어진 돌 위에 추억만 남아
지워지지 않는 그날의 밀어
차가운 바람으로 서성이는데
......

얼어 버린 그날의 진실은 무엇일까? 지워지지 않는 그날의
밀어는 또 무엇일까?

구미 시내에서 금오산 정상으로 오르는 대표적인 산행 코스
는 금오산로를 통해 금오산 저수지와 채미정을 지나 해운사, 도
선굴, 대혜폭포로 오르는 길이다. 산세가 아름답고 계곡물이 맑
기도 하지만, 야은冶隱 길재吉再(1353~1419)의 옛 자취가 있어 걷는
발걸음마다 품격이 묻어나는 길이다. 금오산 북쪽 자락인 이 골
짜기는 옛날 대혈동大穴洞이라고 불리던 곳으로, 해운사海雲寺도
본래 이름이 대혈사大穴寺였다. 그 옛날 길재는 이 길을 걸어 대
혈사와 도선굴을 오르내렸다.
금오산로를 따라 금오산 쪽으로 가다 보면 오른쪽으로 제법
큰 저수지인 금오지가 나오고, 그 저수지 끄트머리를 막 지나면
덩그런 바위로 만들어진 시비詩碑 하나를 만나게 된다. 바로 채미
정採薇亭 입구에 세워진 시비인데, 너무도 익숙한 길재의 「회고
가」가 새겨져 있어 이곳이 길재의 유적지임을 짐작하게 해 준다.

오백 년 도읍지를 필마로 돌아드니
산천은 의구하되 인걸은 간 데 없다
어즈버 태평연월이 꿈이런가 하노라

이곳은 이 고장 출신 길재가 벼슬을 버리고 낙향한 뒤 머물던 곳이다. 600여 년 전 길재가 이곳에 손수 심었다는 대나무들은 오늘날까지도 그 푸름을 자랑한다. 훗날 선조 5년(1572)에 이곳에다 길재의 위패를 모신 금오서원을 세웠으나, 임진왜란 때 불타 버리고 말았다. 다행히 금오서원은 광해군 원년(1609)에 교통이 편리한 남산藍山 남쪽의 낙동강 가(현재 구미시 선산읍 원리)에 복원되었지만, 그 대신 유허비만 남은 옛터는 인적이 끊어진 채 가시덤불만 무성하여 그 자취조차 알 수 없게 되었다.

　　이에 영조 44년(1768)년 이 지역 수령과 유생들이 의견을 모아 이곳에 채미정을 창건하였다. 채미採薇는 고사리를 캔다는 뜻으로, 은殷이 망하고 주周가 들어서자 새 왕조를 섬길 수 없다며 수양산에 들어가 고사리를 캐 먹으면서 절의를 지켰던 백이·숙제의 고사에서 따온 이름이다. 길재는 36세 때, 기울어져 가는 고려의 앞날을 걱정하면서 "뜻만은 수양산의 백이·숙제라네"라고 읊으며 절의를 다짐했고, 그 다짐대로 38세 때 벼슬을 버리고 귀향했다. 훗날 그와 교분이 있었던 이방원의 추천으로 정종 임금이 벼슬을 내렸으나, 길재는 "신하에게는 두 임금이 없다"면서 받지 않았다.

　　길재는 참으로 근심이 없는 사람이라는 비판에 "천명을 깨닫고 즐거운 마음으로 순응하거늘 내가 무엇을 근심하리오"라고 하여 제법 달관적인 태도를 보였다. 그러나 친구에게 보내는 편지에서는 북받치는 슬픔을 표현할 길이 없다면서 나의 마음을 위로해 달라고 부탁하는 인간적인 면모를 보이기도 했다.

그 시인(박상희)은 말했다. 굳어진 돌 위에 추억만 남았고, 그 날의 밀어는 차가운 바람으로 서성인다고.

우리는 길재가 왜 벼슬을 버리고 이 골짜기에 은거했는지 그날의 진실을 잘 알지 못한다. 길재가 왜 조선의 임금이 내린 벼슬을 끝내 사양했는지 그날의 밀어를 잘 알지 못한다. 우리에게 남은 것은 길재 자신이 쓴 많지 않은 글, 길재에 관련된 기록들, 그리고 길재와 관련된 유적들이다. 그것들은 어쩌면 굳어진 돌 위의 추억이고, 서성이는 차가운 바람일지 모른다. 그날의 진실과 그날의 밀어를 찾는 것은 각자의 몫이다.

다만 그의 충절이 단순히 특정한 사람이나 특정한 정권에 은혜를 갚고 의리를 지킨 것으로 읽혀서는 안 된다는 것만큼은 분명히 해 둘 필요가 있다. 길재가 고려 말에 벼슬을 버린 것이나 조선 왕조에서 절대 권력자의 요구를 거부한 것은 의義, 즉 올바름을 지키려는 저항정신의 발로였기 때문이다. 출세에 눈 먼 사람들, 권력에 빌붙어 특권을 좇는 사람들이 횡행하는 시대, 특히 배신과 은혜, 그리고 진실의 담론을 양산하며 굴종을 강요하는 시대에 길재는 올바름을 지키기 위해 절대 권력에 저항한 올곧은 선비, 출세와 특권의 유혹을 뿌리친 참된 지식인으로 읽혀야 한다는 것이 나의 생각이다.

길재가 머물던 산천, 그가 오르내리던 길, 그가 심은 대나무, 그가 읊은 시, 나아가 그를 기억하고 추억했던 후인들의 기록과 기념물들이 남아 있다는 것은 참으로 다행한 일이다.

길재의 시와 글을 모은 책은 그의 제자인 박서생朴瑞生에 의해 편찬되었다고 하나, 현재 남아 있지 않아 그 모습이 어떠했는지 확인할 수 없다. 현재 확인되는 길재의 시문집은 선조 6년(1573)에 선산부사 윤지형尹之亨과 길재의 5대손 회誨의 주도 아래 목판으로 간행된 『야은선생언행록冶隱先生言行錄』이 처음이다. 이 책에는 이위李瑋가 그린 길재의 화상이 책머리에 있고, 최응룡崔應龍이 쓴 발문이 붙어 있다. 광해군 7년(1615)에 6대손 흥선興先·종선宗先 등이 초간본에다 역대 임금들의 제문 등 관련 자료를 첨가하여 『야은선생언행습유冶隱先生言行拾遺』를 목판으로 간행하였다. 여기에는 장현광張顯光이 발문을 썼다.

그 후 철종 9년(1858)에 이 책은 새로 발굴된 길재의 시문 몇 편과 관련 자료들을 모아 엮은 『야은선생속집冶隱先生續集』과 함께 다시 간행되었다. 후손들에 의해 만들어진 이 속집에는 두 가지 판본이 있는데, 하나는 송내희宋來熙가 교정하고 발문을 쓴 것이며, 다른 하나는 이휘녕李彙寧이 교정하고 이휘녕·권대긍權大

肯·이명적李明迪·유주목柳疇睦이 발문을 붙인 것이다. 이 두 판본은 편차가 다르긴 하지만 내용은 별로 다르지 않다.

20세기 들어 몇 차례 복간이 있었는데, 1915년 고전간행회에서 원집만을 『삼은집』에 포함시켜 복간했으며, 1959년에는 대동문화연구원에서 『여계명현집麗季名賢集』 속에 원집과 송내회 교정의 속집을 아울러 복간하였다. 그 후 1990년에는 민족문화추진회에서 『한국문집총간』 시리즈의 하나로 역시 원집과 송내회 교정의 속집을 간행했는데, 이는 『길야은연구논총』(1996)에도 영인되어 수록되어 있다.

번역 역시 두 가지 종류가 있다. 『국역 야은길선생문집』은 1965년에 야은 길선생 문집 국역간행위원회에서 간행한 것으로, 이은상·신호열·성낙훈이 원집과 속집(이휘녕 교정본)을 대본으로 번역했다. 『국역 야은집』은 1980년에 한국정신문화연구원에서 원집과 송내회 발문의 속집을 번역한 것으로, 안병주가 번역을 맡았다. 그 밖에 1996년 경희대 전통문화연구소에서 간행한 『길야은연구논총』에도 긴요한 자료들이 발췌되어 번역되어 있는데, 위 두 번역본을 참조한 것이다. 이 책, 『길재, 불사이군의 충절』은 위와 같은 선현들과 선학들의 노력과 업적이 있었기에 가능했다. 특히 번역은 위 3가지 국역본에 힘입은 바가 크다. 이 모든 분들께 감사를 드린다.

이 자리를 빌려 중천中天 김충열金忠烈(1931~2007) 선생님께 감사의 말씀을 올린다. 남명南冥 조식曺植(1501~1572)의 올곧은 선비 정신을 좋아하셨던 중천 선생님께서는 조식의 선비 정신이 길재에게서 비롯되었다면서, 길재가 아니었다면 조선 유학의 뼈대와 정신이 확고하게 구축되지 못했을 것이라고 단언하셨다. 조식은 명종에게 올린 글에서 당시 절대 권력을 휘두르던 문정왕후를 가리켜 "궁중의 한 과부에 지나지 않는다"고 일갈하고, "(미천한 제가) 전하의 신하되기가 또한 어렵지 않겠습니까?"라면서 명종이 내린 관직을 거부한 고고탁절孤高卓節한 기상의 선비였다. 암울했던 80년대에 선비의 지조는 누구도 꺾을 수 없다며 비판과 저항의 정신을 가르쳐 주신 선생님께 다시 한 번 감사의 말씀을 드린다. 아울러 이 책의 편집과 사진 작업을 꼼꼼히 챙겨주신 군산대학교 철학과 박학래 교수께도 감사의 말씀을 전한다.

차례

제1장 길재의 생애

懷 古 歌

오백년 도읍지를 필마(匹馬)로 돌아드니
산천은 의구(依舊)하되 인걸(人傑)은 간 데 없다
어즈버 태평연월(太平烟月)이 꿈이런가 하노라

吉再 作 (1353~1419).

1. 어린 시절

길재吉再(1353~1419)는 자가 재보再父, 호가 야은冶隱 또는 금오산인金烏山人으로, 경상도 선산부善山府의 속현인 해평海平 사람이다. 공민왕 2년(1353)에 선산 봉계리鳳溪里(현재의 구미시 고아읍 봉한리)에서 태어났다. 증조부 시우時遇는 성균생원成均生員, 조부 보甫는 산원동정散員同正이었으며, 아버지 원진元進은 종3품 정도의 직급인 중정대부금주지사中正大夫錦州知事를 지냈다. 아버지 대에 와서 본격적으로 관직에 진출한 한미한 가문에서 그가 태어났음을 알 수 있다.

길재는 어려서 몸이 가냘프면서도 매우 영특했다. 그는 아버지가 서울(지금의 개성)에서 벼슬살이를 했기 때문에 일찍부터

길재 영정

시골집에서 어머니 슬하에서 자랐다. 8세 때 아버지가 보성대판
寶城大判이 되어 어머니와 함께 임지로 떠나자, 그는 외가에서 살
아야 했다. 이때 여덟 살의 어린 아이였던 길재는 늘 어머니를 그
리면서 지냈다.

길재는 어느 날 남쪽 시내에서 놀다가 우연히 가재를 한 마
리 잡았다. 먹을 것이 넉넉하지 않은 궁벽한 산촌에서 가재는 좋
은 먹거리였다. 이때 길재가 지어 불렀다는 노래가 전해진다.

가재야, 가재야!
너도 어미를 잃었느냐.

나도 엄마를 잃었단다.
나는 너를 삶아 먹을 줄 알지만,
네가 어미를 잃은 것이 나와 같으니
너를 놓아 주련다.

길재는 노래를 부른 후 가재를 물에 놓아 주고 슬피 울었다. 이웃의 한 노인이 이 광경을 보고 알려오자 그의 외할머니와 외할아버지도 함께 슬퍼하며 눈물을 흘렸다. 소식을 전해들은 이웃 사람들도 찾아와 그를 안고는 눈물을 글썽였으며, 그 고장의 어른들도 모두 "우리 고장에 이처럼 영특한 아이가 있는 줄 몰랐다" 하면서 기특해했다.

길재는 11세 되던 해에 근처에 있는 냉산冷山 도리사桃李寺에 가서 글을 배우기 시작했다. 꾸준히 정진한 결과 16세 때에는 다음과 같이 「술지述志」라는 제목의 시를 지을 수 있었다.

시냇가 오막살이에 홀로 한가로이 사노라니	臨溪茅屋獨閑居
달 밝고 바람 맑아 흥겹구나.	月白風清興有餘
찾아오는 손님은 없고 산새들만 지저귀는데	外客不來山鳥語
대숲 아래 평상 놓고 누워서 글을 읽네.	移床竹塢臥看書

고단한 삶에도 불구하고 마음의 여유를 잃지 않는 일상의 여

유로움을 노래한 시로 보인다. 산속에서 책을 읽으며 한가롭게 살 수 있는 넉넉한 삶에 대한 동경을 읊은 시일 수도 있다. 아니면 가난에도 도를 즐기는 안빈낙도安貧樂道의 경지를 이상으로 설정한 젊은 학생의 내면세계를 그린 시일 수도 있다.

　　어린 시절 길재의 삶은 그렇게 한가롭지 않았다. 이 무렵 그는 가난한 살림에 홀어머니를 모시고 낮에는 일하고 밤에 공부하면서 사는 처지였다. 훗날 그는 자신의 젊은 시절에 대해 다음과 같이 고백한 적이 있다.

나같이 어리석은 사람은 농촌에서 나고 자라 더할 나위 없이
미천해서 겨우 여덟아홉 살에 나무하고 양을 쳤으며, 나이가
들면서 낮에는 밭을 갈고 밤에는 글을 읽었다. 어렵게 공부한
10년 동안 추운 옷을 입고 거친 음식을 먹었으나 의연했고, 밭
갈고 김매는 일로 몸이 젖고 발이 더러워져도 역시 의연했다.
다만 힘을 다해 밭을 갈고 마음을 다해 학문을 닦으며 아래로
는 어버이를 봉양하고 위로는 임금을 섬기되, 봉양하기를 어
버이가 기뻐할 때까지 하고 모시기를 임금이 요·순과 같은
성군이 되게 하여, 백성들을 요·순의 나라에 살게 하고 세상
을 하·은·주 삼대처럼 태평성대로 만드는 것이 평소 나의
뜻이었다.

　길재는 여덟아홉 살 나이에 나무 하고 염소 치는 일을 했으
며, 더 나이 들어서는 농사일을 해야 했다. 그러나 길재는 몸이
땀에 젖고 발이 더러워지는 고달픈 삶에도 불구하고 조금도 동요
하거나 불만스러워하지 않았다. 그에게는 부모를 봉양하고 임금
을 섬겨, 마침내 이 세상을 태평성대로 만들겠다는 굳은 의지가
있었기 때문이다. 이와 같이 삶의 목표가 분명했기 때문에 그는
노동의 피곤함 속에서도 의연히 학문에 매진할 수 있었다. 그야
말로 주경야독이었다. 길재는 이를 반딧불 창가에서 10년 동안
공부했다고 표현했다.

길재는 이때부터 글 읽기를 좋아하여 책 상자를 등에 지고 스승을 찾았는데, 멀고 험한 길도 꺼리지 않았다고 한다. 길재가 평생 스승으로 모셨던 사람 가운데 한 분이 박분朴賁이다. 길재는 18세 때 상주尙州의 사록司祿으로 있던 박분을 찾아가 『논어』와 『맹자』 등을 배웠고, 이때 비로소 성리性理에 관한 학설을 들을 수 있었다. 당시 신진사대부들이 새롭게 공부하기 시작하던 주자학을 이때 처음 접했다는 의미이다. 훗날 박분이 세상을 떠났을 때 길재는 3년 동안 심상心喪을 하여 제자의 예를 다했다. 이것으로 보아, 박분은 길재가 젊은 시절 학문의 방향을 잡는 데 큰 영향을 준 스승이었음이 분명하다.

　　길재에게는 관직에 나아가 이 나라를 요순의 나라로 만들고 이 나라 백성들을 태평성대에 살게 하겠다는 분명한 목표가 있었다. 그러나 선산은 그의 꿈을 이루기에는 너무 구석진 시골이었다. 그곳은 가르침을 줄 수 있는 큰 스승이나 함께 공부할 친구를 만나는 데 많은 어려움이 있었다. 마침 박분이 서울로 돌아가야 했으므로 더 이상 그에게 수업을 받는 것도 불가능했다. 그래서 그는 서울로 갈 결심을 한다. 어느 날 그는 "아버지가 계시는데도 찾아가지 않는 것은 자식의 도리가 아닙니다"라고 하면서 어머니께 하직 인사를 올리고 서울로 떠났다. 명분은 아버지를 찾아가는 것이었지만, 이때 그를 서울로 이끈 것은 학문에 대한 열망이었다.

18세의 젊은 청년 길재는 박분을 따라 말을 타기도 하고 걷기도 하면서 서울에 도착했다. 그 후 길재는 아버지 집에 머물면서 이웃 사람들로부터 효자라는 칭송을 들을 만큼 아버지와 서모를 극진히 모셨다. 그러나 서울 생활에서 더 중요했던 것은 그가 이색·정몽주·권근 등 당대 최고 학자들을 접하고, 그들로부터 수준 높은 학문을 배울 수 있었다는 점이다.

2. 서울 시절

길재는 22세 때인 공민왕 23년(1374)에 성균관에 들어가 생원 초시에 합격했는데, 이때 이색李穡이 성균관의 대사성이었고 정 몽주鄭夢周와 권근權近이 사업司業으로서 학생들을 가르치고 있었 다. 그 후 길재는 31세 때인 우왕 9년(1383)에 사마감시司馬監試에 합격하였다. 이때부터 그는 학문이 더욱 성취되고 도에 더욱 밝 아졌으며, 날마다 권근의 문하에 나아갔다. 권근이 "내 문하에서 학문을 연마하는 사람이 얼마 있지만, 그 중에서 길재가 제일이 다"라고 했을 만큼 길재의 학문은 뛰어났다. 훗날 권근이 세상을 떠났을 때 길재는 3년 동안 심상心喪을 함으로써 제자의 예를 다 했다. 길재가 만난 여러 스승 중에 권근과의 인연이 특히 각별했던 것으로 보인다.

같은 해에 아버지 원진이 금주(충남 금산) 지사가 되었는데, 이 때문에 길재는 금산에 출입하면서 그곳과 인연을 맺게 된다. 그가 아버지를 뵈러 갔다가 그곳에 거처하던 중랑장 신면申勉의 딸과 결혼한 것이 그 시작이었다. 그리고 그 이듬해(1384) 여름에 아버지가 임지에서 세상을 떠나자, 그곳에 모시고 예법에 따라 삼년상을 치렀다.

34세 때인 우왕 12년(1386)에 길재는 6등으로 진사에 합격했고, 그해 가을에 청주 사록司祿에 임명되었으나 부임하지 않았다. 이 무렵 훗날 태종이 되는 이방원이 한마을에 살면서 독서에 매진하고 있었는데, 두 사람은 서로 오가며 매우 친하게 지냈다.

35세 때인 우왕 13년(1387)에 성균학정成均學正에 제수되었고, 이듬해인 우왕 14년(1388)에 순유박사諄諭博士로 옮겼다가 그해 겨울에 성균박사成均博士로 승진했다. 당시 성균관의 학생들이나 양반집 자제들이 다투어 가르침을 청할 정도로 그의 명성이 높았다.

이 무렵 고려의 정국은 한 치 앞도 예측하기 어려운, 한마디로 격동의 시기였다. 우왕 14년(1388) 1월에는 최영과 이성계가 실권자 이인임을 제거하고 새로운 실권자로 등장했다. 그 후 3월에는 요동정벌이 있었고 5월에는 위화도회군, 6월에는 우왕의 퇴위와 창왕의 즉위가 있었으니, 고려의 운명을 바꾼 역사적 사건들이 연속되는 격변기였다. 이때 길재는 반궁에서 다음과 같은 시를 지었다.

용수산 동쪽에 낮은 담장은 기울었고	龍首正東傾短墻
미나리 밭 두둑엔 푸른 버들 늘어졌네.	水芹田畔有垂楊
몸은 비록 다른 사람보다 나을 것이 없지만	身雖從衆無奇特
뜻만은 수양산의 백이 · 숙제라네.	志則夷齊餓首陽

고려의 앞날을 예감하고, 수양산에 들어가 삶을 마감한 백이 · 숙제의 절의를 다짐하는 충절의 시이다. 고려의 몰락을 짐작하면서도 그것에 저항하기보다는 역사의 숙명으로 받아들이고 은둔의 길을 선택하는 소극적인 저항의 시이기도 하다.

길재는 37세 때인 창왕 원년(1389)에 문하주서門下注書에 임명되었다. 그러나 창왕이 폐위되고 공양왕이 즉위하자 이내 노모 봉양을 구실로 사직하고 귀향길에 올랐다. 이때가 공양왕 2년(1390) 봄이었다. 그의 「행장」은 나라가 장차 망할 것을 알았기 때문에 사직했다고 기록하고 있다.

이 무렵 길재는 누군가에게 편지를 보냈다.

어제저녁에 보내 주신 편지 잘 받았습니다. 요사이 안녕하시다니, 말로 다할 수 없을 만큼 위안이 됩니다. 저는 그럭저럭 지내고 있으나 처지와 사세事勢가 서울에 있기에 불편해서 추석에는 식구들을 데리고 고향 선산으로 가서 살 계획입니다.

이 짧은 편지는 8월 7일에 보낸 것으로 되어 있다. 그렇다면 길재는 공양왕 2년 이전에 이미 귀향할 계획을 하고 있었던 셈이다. 귀향의 이유는 처지와 사세가 서울에 있기에 불편해서라고

이색 영정

밝히고 있는데, 그로서는 당시의 돌아가는 정치 상황을 견디기
어려웠던 것으로 보인다.

길재는 고향으로 돌아가는 길에 장단長湍에 머물고 있던 이
색李穡을 찾아 낙향의 뜻을 전했다. 그러자 이색은 길재에게 "오
늘날을 당해 각자 자기의 뜻대로 행할 뿐이다. 나는 대신大臣이라
나라와 더불어 운명을 같이해야 하므로 의리상 떠날 수 없으나
그대는 떠날 수 있다"고 격려한 뒤 떠나는 길재에게 시 한 수를
지어 주었다. 다음은 그 시의 끝 구절이다.

벼슬은 우연히 오는 것이라 서두를 것 없고   軒冕儻來非所急
기러기 한 마리 아득한 하늘에 날아가네.   飛鴻一箇在冥冥

떠나는 길재의 마음에 공감하면서도 젊은 인재가 사라지는
데 대한 안타까움이 배어 있는 시이다.

3. 은거 생활

길재는 선산 봉계鳳溪의 옛집으로 돌아왔다. 그는 산중에 자취를 감추고 일생을 마칠 생각이었다. 사직한 다음해인 공양왕 3년(1391)이 되자 고려 조정에서 그에게 계림부교수鷄林府敎授와 안변교수安邊敎授의 관직을 잇달아 내렸으나, 그는 나아가지 않았다.

이해에 우왕이 죽었다. 우왕은 위화도회군을 강행한 이성계 세력에 의해 폐위된 후 강화江華에 유배되었고, 이어 여흥驪興(지금의 여주)을 거쳐 강릉江陵에 이배되었다가 그곳에서 죽임을 당했다. 우왕은 비록 폐주이기는 했으나 길재가 한때나마 왕으로 모시던 분이었다. 그 소식을 들은 길재는 귀한 음식을 먹지 않고 삼년복을 입음으로써 신하의 예를 다했다.

　마침내 1392년에 고려가 막을 내리고 조선이라는 이름의 새 왕조가 들어섰다. 아마 이 무렵쯤이었을 것이다. 길재는 꿈속에서 승려를 만난 것이 계기가 되어 한 편의 시를 지었다. 어느 날 꿈에 한 승려가 나타나 시 한 구절을 읊었다.

　　오랜 친구들 새 모습으로 변신하는데　　　　　古今僚友身新變

길재가 화답하였다.

　　천지와 강산은 옛 친구이네.　　　　　　　　天地江山是故人

　잠에서 깬 길재는 다음의 두 구절을 더 보태어 한 편의 시를 완성했다.

　　하늘은 당연히 나에게 허락하리니　　　　　太極眞君應許我
　　인심仁心은 영원히 청춘인 것을.　　　　　仁心不老自靑春

　고려의 신하였던 친구들이 새 왕조에 참여하는 모습을 보면서, 순수한 본래 마음을 영원히 잃지 않겠다고 다짐하는 시였다.
　이 당시 길재의 어머니는 연세가 이미 예순이 넘었다. 길재는 밤이면 이부자리를 펴드리고 아침이면 거두는 일을 몸소 하는 등 어머니를 정성껏 봉양하였다. 처자나 여종들이 대신 하려고 하면 그는 "우리 어머니가 이제 늙으셨으니 후일엔 어머니를 위해 이런 일을 하려고 해도 할 수 있겠느냐" 하였다. 길재의 부인은 그 뜻을 본받아 비록 자신의 것은 극히 박하더라도 시어머니의 끼니엔 반드시 맛있는 음식을 올렸고, 혹 쌀이 떨어지면 시어머니 몰래 옷을 팔아 마련하였다. 집안이 초라하고 논밭도 적고 거칠어 생계가 어려웠지만 길재는 개의치 않고 오직 효도에만 힘썼다. 부인이 친정이 있는 금산의 옛집으로 가서 어머니를 잘 모시자고 했으나, 길재는 부모가 사시던 고향을 차마 떠날 수 없다며 동의하지 않았다.

태조 4년(1395) 군사郡事 정이오鄭以吾가 그 소문을 듣고 오동동梧桐洞에 있는 묵은 밭을 제공해 주었다. 그래서 길재는 부족하나마 어머니를 모시고 생활할 수 있었고 이주할 뜻을 완전히 접게 되었다. 생활이 어느 정도 안정되자 원근의 학생들이 사방에서 모여들었고, 길재는 항상 그들과 더불어 경전을 토론하고 성리의 학문을 탐구하였다. 그는 또 집에 들어오면 효도하고 밖에나가면 공손하며 즐거움으로써 근심을 잊고 다시 벼슬에 뜻을 두지 않았다.

48세 때인 정종 2년(1400) 가을에 당시 세자의 신분이었던 이방원이 그를 불렀다. 길재는 몇 차례 거절했으나, 그 고을 군수의 독촉 때문에 견디다 못해 서울로 갔다. 미처 뵙기도 전에 정종이 그에게 태상박사太常博士에 임명하자, 길재는 다음과 같은 글을 올려 사양하였다.

충신은 두 임금을 섬기지 않는다고 했는데, 신은 초야의 미천한 몸으로 고려에 몸을 바쳐 과거에 응했고 벼슬을 받았습니다. 이제 다시 새 왕조에서 벼슬을 하여 명교名教에 누를 끼쳐서는 안 됩니다.

이에 정종은 그 절개를 가상하게 여겨 예를 다해 대접해 보내고, 그 집안의 세금과 부역을 면제해 주도록 하였다.

태종 2년(1402)에 어머니가 돌아가시자 모든 상례 절차를 『주자가례』에 따랐고 불교의 법도를 따르지 않았다. 이어서 맏아들 사문師文이 죽자, 별도로 참최의 복을 입었다.

태종 3년(1403)에 경상감사 남재南在가 그 고을에 들렀다가 모친상을 만나 묘 옆에서 거상居喪한다는 소문을 듣고 시 몇 수를 지어 길재에게 보냈는데, 그 중 한 수에서 다음과 같이 노래했다.

오백 년 고려조에 오직 선생 한 분뿐이니	高麗五百獨先生
한 시대의 공명이 어찌 영화이겠는가.	一代功名豈足榮
늠름한 맑은 바람 천지에 가득 불어	凜凜清風吹六合

조선조 억만 년에 아름다운 이름 영원하리.　　朝鮮億載永嘉聲

변계량卞季良, 박연朴堧을 비롯한 여러 명사와 선비들이 이 시
를 읽고 차운하여 시를 지었으니, 모두 길재의 효행과 절의를 찬
양한 시들었다. 다음은 권근의 시 가운데 두 수이다.

고고한 인품은 생명보다 의를 중히 여겼으니　　高懷重義自輕生
벼슬은 그에게 영화가 아니네.　　身上簪纓匪所榮
도를 지켜 신하의 절개 온전히 했으니　　守道克全臣子節
봉계 물소리 천년만년 영원하리.　　鳳溪千載永流聲

물가에서 낚시질 하는 옛 친구　　澤上羊裘舊友生
불러서 영화를 같이하고자 했더니　　徵來誠欲共安榮
강호에 든 뜻 끝내 빼앗지 않아　　終然不奪江湖志
절의의 명성 멀리 전하게 되었네.　　要使遐傳節義聲

이해에 군수 이양李揚이 찾아와 지역이 외지고 농토도 척박
하여 살기가 마땅하지 않다며 율곡동栗谷洞으로 옮겨 살도록 하
였다. 길재는 그의 제안을 받아들이면서도 말하길, "물건이 아무
리 풍족하다고 한들 끝까지 보장되는 것은 아니다"라면서 받은
전답 가운데 필요한 만큼만 남기고 나머지는 돌려주었다. 또한

감사 남재는 그 고을 책임자에게 명하여 사당을 지어 드리도록
했다. 이로써 길재는 영구히 거처할 수 있는 안정된 삶의 터전을
마련하게 되었다.

태종 5년(1405) 가을에 남재를 비롯한 여러 사람이 길재를 위
해 지은 시들을 모아 시집을 만들었는데, 권근이 서문을 썼다. 이
글에서 권근은 길재에 대해 다음과 같이 평가하였다.

> 고려 오백 년 동안 교화를 베풀고 선비의 기풍을 장려한 효과
> 가 선생의 한 몸에 모아졌고, 조선 억만 년의 강상을 세우고 신
> 하의 절개를 밝힐 근본이 선생의 한 몸에 마련되었다. 명교名
> 敎에 드리운 공이 이만큼 크며 우리 국왕의 덕이 또한 선생으
> 로 인해 더욱 드러났으니, 진실로 백대를 격려하는 높은 정신
> 이자 만세를 보존하는 방파제이다.

길재는 청렴하여 세속의 이익을 추구하지 않았다. 다음과
같은 일화가 있다. 처가의 노비 십여 명이 도망쳤으나 여러 해가
되도록 잡을 수 없었다. 이에 장인은 자손 중에 잡는 사람에게 그
들을 주겠다고 약속하였다. 얼마 후 길재가 그들을 모두 잡아들
이자 장인은 약속대로 그들을 길재에게 넘겨주었다. 길재가 거
듭 사양하자, 장인은 몰래 노비문서를 작성하여 그들을 모두 그
에게 주었다. 시간이 흘러 태종 9년(1409) 어느 날 문서를 뒤지던

길재가 그 문서를 발견하고는 장인에게 다시 돌려보내었다. 그러자 장인이 노하여 말하기를 "작록도 사양하고 노비도 사양하니 남과 같이 살기는 틀렸다"라고 하였다. 이 당시 장인은 아들이 죽고 서자인 존양存養이 대를 이어야 할 형편이었다. 이에 길재는 적자나 서자나 똑같이 조상이 물려준 몸이므로 귀천이 없다면서 그 서자에게 절반을 나누어 주었다.

이해 봄에 권근이 세상을 떠났다. 길재는 "옛날에는 백성들이 군사부 세 그늘 아래 살았으므로 섬기기를 한결같이 하였다. 오늘날은 임금과 아비의 복은 입어도 스승을 위해 복을 입는 사

권근 신도비각

람이 없다"면서 심상 3년을 지냈다.

태종 13년(1413) 겨울에 승려인 외종형이 자기 법손法孫의 종 한 사람을 길재의 아들 사순에게 주고 죽었다. 법손은 부처님의 자손이라는 뜻으로, 한 스승으로부터 불법佛法을 이어받아 대를 이은 불제자를 이르는 말이다. 길재는 "이미 법손이라고 하고는 어찌하여 친족에게 물려준단 말인가" 하고 도로 돌려보내도록 하였다.

태종 14년(1414) 가을에 장인이 돌아갔는데, 상주인 존양存養 이 종군하여 미처 돌아오지 못하고 있었다. 이에 길재는 "내가 신씨 가문에서 큰 은혜를 입었다" 하면서 대신 상주 역할을 하다 가 백여 일 후 상주가 돌아오자 비로소 상복을 벗었다. 이어 그는 상주에게 『주자가례』에 따라 상례의 절차를 진행하게 하고, 삼년 상이 끝난 후엔 사당을 세워 제사의 예법에 어긋남이 없도록 하 였다.

태종 17년(1417) 봄에 어린 시절 스승이었던 박분이 죽자 길 재는 3년 심상을 하였다. 또 같이 살던 막내 누이가 죽었다. 원래 그녀는 천호千戶 방사계方思桂에게 시집갔다가 내침을 당해 갈 곳 이 없던 중에 길재가 데려와서 한집에서 몇 해를 같이 지내고 있 었다. 그러던 중 사계가 다시 누이를 데려가려고 하자 길재는 "의리 없이 버리고서 또 무례하게 데려간다면 반드시 다시 버릴 것이다"라고 하면서 끝내 보내지 않고 자애와 화목을 더욱 두터이 하였다. 안타깝게도 그 누이가 자식도 없이 죽자, 길재는 상례에 상주가 없을 수 없다면서 아우 구久를 상주로 삼아 1년복을 입게 하였다.

태종 18년(1418) 가을에 세종이 즉위한 후 길재의 절의를 높이 받들어 자손 가운데 등용할 만한 사람을 불렀다. 이때 아들 사순師舜이 세종의 부름을 받고 길을 떠나면서 하직 인사를 드리자, 길재는 다음과 같이 격려하였다.

> 임금이 먼저 신하를 부른 것은 삼대 이후에 드문 일이다. 네가 초야에 있는 몸으로 임금의 부름을 받았으니, 비록 작록을 얻지 못했더라도 그 은혜와 의리는 어쩌다 신하가 된 다른 사람과 비교할 바가 아니다. 너는 마땅히 내가 고려에 기울인 마음을 본받아서 조선의 임금을 섬겨라. 네 아비의 마음은 이 밖에 더 바랄 것이 없다.

길재는 본래 청렴하고 고결하여 살림살이는 돌보지 않았고 오로지 충효에 마음을 쏟아 상례와 제례에 정성을 다했다. 부모의 기일에는 쌀 한 톨도 먹지 않고 "옛사람은 기일을 평생의 상喪이라고 하였는데 어떻게 차마 먹을 수 있겠는가"라고 하면서 종일토록 눈물만 흘리니, 온 집안사람이 따라서 마음을 가다듬고 음식과 행동을 삼갔다. 친족의 상喪이 있으면 반드시 주자가 만든 예법에 따라 예를 극진히 하였고, 이웃에 상이 나면 비록 그가 미천한 사람이라 할지라도 반드시 죽을 먹고 음식을 배부르게 먹지 않았다.

그는 항상 사람들에게 말하기를 "낮에 언행이 잘못되는 것은 밤에 마음을 보존하지(存心) 못했기 때문이다"라면서, 밤이 되면 온갖 생각을 버리고 조용히 앉아 있다가 자정이 되면 잠자리에 들었으며, 때로는 이불을 끼고 날 밝기를 기다리기도 하였다. 첫닭이 울면 세수하고 의관을 갖추고서 사당을 찾아 새벽 인사를 드리고 옛 성인께도 인사를 드렸다.

그는 또 제자들과 읍례를 마치면 경서를 강론하되 정호·정이와 주자의 뜻에 맞도록 했으며, 몸이 아파도 손에서 책을 놓지 않았다. 외물에 관심을 두지 않았고 시정배의 말과 음란한 음악은 한 번도 귀담아 들은 적이 없었으며, 이단의 글과 예에 맞지 않는 일은 눈으로 보지 않았다. 모든 대소 관리가 먼저 예를 갖추지 않으면 그 관부에 들어가지 않았으며, 의롭지 않은 일이면 남의 집에 가지 않았고 마을 밖을 나가지도 않았다.

길재는 일찍이 도학을 밝히고 이단을 물리치는 것으로써 일을 삼고, 책상 앞에 꼿꼿이 앉아 책을 읽고 공부하느라 밤이 새도록 지칠 줄 몰랐다. 출가를 했다가 그에게 감화를 받아 다시 돌아온 자가 수십 명이 넘었다. 그의 아우 구 또한 승려였는데, 깨닫고 다시 선비가 되어 생원시에 급제하였다. 경학을 공부하는 선비들 중 길재의 문하에서 나온 자들이 헤아릴 수 없이 많았다.

　세종 원년(1419) 4월 12일 길재는 67세의 나이로 세상을 떠났다. 이때 병환이 위독해져서 부인이 아들 사순을 부르려고 하자 길재는, "임금과 아비는 일체이다. 이미 임금에게 가 있으니 부고를 듣고 오는 것이 옳다"라고 말리며 서두르지 말도록 했다. 그리고 사위에게 "내가 죽거든 『주자가례』에 의해 상례를 치르도록 하라" 하고는 바로 돌아갔다. 세종이 호조에 명하여 백미ㆍ콩 15석과 종이 1백 권을 보내고 매장할 인부를 마련해 주도록 하였다. 아우 구 및 아들과 사위가 유언에 따라 상례를 치렀으며, 세종 2년(1420) 1월 13일 금오산 동편이자 낙동강 서편인 오포烏浦의 언덕에 장사지냈다.

제2장 절의정신

懷 古 歌

오백년 도읍지를 필마(匹馬)로 돌아드니
산천은 의구(依舊)하되 인걸(人傑)은 간 데 없다
어즈버 태평연월(太平烟月)이 꿈이런가 하노라
冶隱 吉 再 (1353~1419)

1. 고려 말의 정치 상황과 충신

1) 일곱 명의 충신

  이덕형李德泂은 1631년(인조 9)에 송도松都(지금의 개성)에 얽힌 기이한 이야기를 모아 『송도기이松都奇異』라는 책을 썼다. 이 책에서 그는 고려에서 절의를 지킨 사람이 정몽주鄭夢周 · 이색李穡 · 이종학李鍾學 · 이숭인李崇仁 · 김진양金震陽 · 서견徐甄 · 길재 등 7명뿐이라면서 다음과 같이 말했다.

  정몽주는 나라가 망하기 전에 몸이 희생되었고, 이색 · 이종학 · 이숭인 · 김진양은 모두 사직이 바뀐 뒤에 목숨을 마쳤고,

서견은 나라가 망하자 물러나서 늙어 죽었고, 길재는 상소를 하고 벼슬하지 않았으니, 고려조에 절의를 지킨 신하는 이들 일곱 사람뿐이다. 그 이외에 조정에서 높은 지위에 오르고 이름을 떨쳤던 자들은 모두 자취가 사라져 그 이름을 들을 수 없다. 위태로운 데 처하여 절의를 세우는 것은 옛날부터 참으로 어려운 일이었다.

나라가 위기에 처했을 때 나라를 위해 목숨을 건다는 것은 예나 지금이나 결코 쉬운 일이 아니다. 이 일곱 사람 가운데 정몽주·이종학·이숭인·김진양은 조선 건국 세력에게 피살되거나 장살되는 등 죽임을 당했다. 이색도 고려 말에 여러 차례 투옥되고 유배를 당하는 등 고초를 겪었고, 새 왕조에도 협조하지 않았다. 반면에 길재는 고려 또는 고려의 왕을 위한 적극적인 저항을 하지 않았다. 그럼에도 길재는 정몽주와 더불어 조선시대는 물론 오늘날까지도 많은 사람들에게 절의의 사표로 존경을 받고 있다.

세종은 "정몽주는 죽기까지 절개를 지키고 변하지 않았으며, 길재는 절개를 지켜 마음을 바꾸지 않고 상소해서 물러가기를 청했다"라면서 그 두 사람을 『삼강행실도三綱行實圖』의 「충신도忠臣圖」에 넣도록 지시했다. 문종 때 이계전李季甸은 "고려 오백년간 정몽주와 길재의 충절이 가장 두드러진다"라고 했고, 성종때 이극돈李克墩은 "옛날에 태조께서 혁명하실 때 한때의 호걸들이 앞을 다투어 빌붙었으나 오직 정몽주와 길재는 오히려 고려의 왕씨를 위하여 절개를 지켰다"라고 했다. 성종도 "절의의 선비가 세상에 많지 않은데, 고려 오백 년 동안 오직 정몽주와 길재 두 사람 뿐이다"라고 하였다. 또 김수손金首孫은 "정몽주와 길재의 절의는 한나라와 당나라 이래로 보기 드문 것이다"라고 했으며, 송시열宋時烈은 "인종·명종조 이래로 오늘에 이르기까지 선생의 도가 세상에 크게 밝혀져서 아낙네와 어린아이라도 그 이름을 외우고 그 덕을 칭송하지 않는 사람이 없다"라고 하였다.

길재는 이성계 세력에 맞서 싸운 것도 아니고, 그 과정에서 목숨을 잃은 것은 더더욱 아니다. 그럼에도 그가 절의의 사표로 부각될 수 있었던 것은 무슨 까닭일까? 그것은 다음 두 가지 사실에 기초한다. 고려 공양왕 때 사직을 하고 고향으로 돌아간 것, 그리고 조선의 조정에서 벼슬을 내렸으나 이를 사양한 것이 그것이다. 이에 대해 면밀하게 살펴보자.

길재가 벼슬을 버리고 귀향한 것은 공양왕 2년(1390) 봄이었다. 그가 처음 관직에 진출한 것은 35세 때인 우왕 13년에 성균학정에 제수된 것이 처음이다. 그 이후 관직이 순유박사, 성균박사를 거쳐 37세 때 종사랑 문하주서에 승진해 있었는데, 이때 와서 사직을 한 것이다. 그의 관직 생활은 아무리 길어 봐야 4년을 넘지 않는다. 우왕 13년과 공양왕 2년 사이에 어떤 정치적 변화가 있었기에 길재가 사직을 하고 귀향을 했을까?

2) 고려 말의 정치 상황

1374년 공민왕이 피살되고 우왕이 즉위하였다. 이후 우왕을 옹립함으로써 실권을 장악한 이인임 일파는 공민왕이 추진했던 반원정책을 포기하고 원과의 외교관계를 재개하였다. 이에 공민왕 대 이래로 조금씩 정치적 입지를 넓혀 온 신진사대부들은 이인임의 주살을 요구하는 등 강력하게 반발했다. 하지만 그 결과, 정몽주·김구용·이숭인·이첨·정도전 등이 유배를 갔으며, 특히 전녹생과 박상충은 유배를 가는 도중 형벌의 후유증으로 사망하기까지 하였다.

이색보다 연장자인 전녹생을 제외하면, 이들은 모두 넓은 의미에서 이색 스쿨의 멤버들이었다. 이색이 성균관 대사성으로 있으면서 젊은 인재들을 키울 때, 박상충·김구용·정몽주·이숭인·정도전은 성균관에서 학생들을 가르쳤고 이첨은 성균관에서 공부를 하는 학생이었다. 이 무렵 성균관에서 공부를 시작한 길재 역시 직간접적으로 이들의 정치적 세례를 받으면서 학문의 깊이를 더해 갔을 것으로 보인다.

고려 말의 신진사대부들은 주자학에 관심을 갖고 주자학을 공부한 사람들이다. 그들은 사회 전반을 장악하고 있던 지배집단의 두터운 정치·경제·문화 권력을 무너뜨리기 위해서는 새로운 사상이 필요하다는 것을 절감했고, 안향·백이정·권보·

우탁·이제현 등을 통해 접하기 시작한 주자학에서 그 가능성을 발견했다. 그들은 소수의 권문세가들이 권력과 토지를 독점하는 정치·경제체제, 반명친원의 외교정책, 불교가 국가와 사회에 끼치는 해악 등을 청산해야 한다는 데 별 이견이 없었다. 개혁의 사상적 기반으로 도학 즉 주자학을 선택했다는 점에서도 그들은 그다지 다르지 않았다. 하지만 문제를 해결하는 방식에서는 의견이 달랐다.

신진사대부들에게 서로 다른 정치적 선택을 할 수밖에 없게 만든 정치적 사건은 이성계를 중심으로 한 신흥무장세력의 위화도회군이었다. 우왕 13년(1388) 위화도회군을 기점으로 정치상황은 급변했다. 위화도회군 직후 우왕이 폐위되고 창왕이 즉위했으며, 창왕은 1년 5개월여 만에 또다시 공양왕으로 교체되었다. 성균관에서 학생을 가르치던 길재가 "용수산 동쪽머리 낮은 성곽은 기울었고, 미나리 밭 언덕에 푸른 버들 늘어졌네"라면서 우려의 눈초리로 바라보았던 요동정벌 추진이 그의 걱정대로 고려 폐망의 도화선이 된 셈이다.

이성계는 위화도회군을 단행한 직후 우왕을 폐위하고 우왕의 든든한 정치적 기반인 최영 세력을 축출했다. 하지만 이성계 세력이 정치권력을 완전히 장악한 것은 아니었다. 이는 새 왕을 옹립하는 과정에서 잘 드러난다. 이성계를 중심으로 한 급진개혁파는 종친 가운데 한 사람을 왕으로 세우려고 했으나, 조민수와 이색은 우왕의 아들인 창을 옹립하려고 했다. 조민수는 이성계와 위화도회군을 같이 했던 무장이고, 이색은 정몽주·이숭인·권근 등의 신진 학자들을 길러낸 대학자였다. 결국 조민수와 이색의 뜻대로 창왕이 보위에 올랐고, 그 결과 토지제도개혁 등 급진개혁파의 정치 구상은 많은 제한을 받을 수밖에 없었다.

창왕은 우왕의 아들이었기 때문에 아무래도 우왕 때의 집권세력과 일정한 연속성이 있었다. 이에 맞서 이성계 일파는 토지개혁을 추진하여 보수세력의 경제적 기반을 무너뜨리고자 했다. 1388년 7월 이성계 일파의 조준은 토지제도를 획기적으로 바꾸는 전제개혁안을 내놓았다. 당연히 명문거족들의 저항이 있었다. 도당都堂 회의에서 이색은 오랜 법제를 경솔하게 고쳐서는 안된다는 이유로 전제개혁안에 반대했고, 이임·우현보·변안렬·권근·유백유 등이 이색의 의견을 지지하였다.

이처럼 온건개혁세력과 급진개혁세력은 토지제도개혁을 둘러싸고 충돌했다. 이색·이임·우현보·변안렬·권근·유백유 등이 토지제도개혁에 반대하는 등 상대적으로 보수의 길을 걸었다면, 정도전·조준·윤소종·조인옥·남은·남재 등은 전면적인 토지제도개혁을 추진했고 혁명을 하는 데까지 나아갔다.

정몽주는 그 중간쯤에 위치했다. 그는 창왕을 폐위시키고 공양왕을 옹립하는 데는 이성계와 뜻을 같이했다. 1389년 11월 정몽주는 이성계·심덕부·지용기·설장수·성석린·조준·박위·정도전 등과 더불어 홍국사에 모여 우왕과 창왕이 왕씨가 아니므로 왕씨 성을 가진 참된 임금을 새로 세워야 한다고 의견을 모으고 공양왕을 옹립했다. 그러나 그는 토지제도개혁에 대해서는 적극적으로 동조하지 않음으로써 혁명파와는 일정한 거리를 두기 시작했다. 그가 이성계 세력과 맞서다 끝내 고려의 충신으로 남은 것은 과전법을 추진하는 과정에서 이미 예견되어 있었다.

이성계 일파는 조민수를 부정축재 혐의로 탄핵하여 유배를 보내는 등 점차 권력을 확대해 나갔고, 이에 맞서 이색은 명나라의 지지를 얻어서 위기를 돌파하려다 실패하자 곧 사직을 하고 물러났다. 그러다 김저와 정득후 등이 곽충보를 매수하여 이성계를 죽이고 우왕을 복위시키려 한 사건이 일어나는데, 이 사건은 곽충보의 고변으로 발각되고 말았다. 하지만 곽충보가 이미 최영을 체포하는 데 공을 세워 이성계 세력에 편입된 인물이었다는 점 등으로 판단할 때 이 사건은 조작되었을 가능성이 없지 않다. 아무튼 이 사건을 계기로 변안렬·이임·우현보·우인렬·왕안덕·우홍수 등 반이성계파가 대거 축출되었고, 결과적으로 창왕은 완전히 무장해제되었다. 그 다음 수순은 창왕의 폐위, 그리고 공양왕의 옹립이었다.

우왕이 폐위되고 그의 아들 창왕이 즉위했다는 것은 기존의 보수세력 내지 온건개혁파 세력이 온존할 수 있는 최소한의 정치

포은 정몽주 초상

적 기반이 여전히 확보되어 있음을 의미했다. 반면에 폐주의 아들이 왕위에 있다는 것은 우왕 폐위 세력으로서는 위험천만한 일이었다. 따라서 급진개혁세력의 입장에서 보자면 창왕의 축출은 보수세력의 정치적 기반을 제거하는 일인 동시에 자신들의 정치적 안전을 확보하는 일이기도 했다. 실제로 공양왕이 즉위한 뒤 얼마 안 있어 이색·이종학·이숭인·하륜·권근 등이 유배 길에 올랐다. 길재가 벼슬을 버리고 귀향길에 오른 것이 바로 이 무렵이었다. 그 이후 고려 조정의 정치적 갈등구조는 이성계파와 정몽주파의 대립과 투쟁으로 바뀌게 된다. 이것은 곧 혁명파와 반혁명파의 투쟁이기도 했다.

2. 현실인식과 사직

1) 길재의 우려와 사직

길재는 우왕 13년에 성균학정으로 처음 관직 생활을 시작한 후, 요동정벌과 위화도회군이 있었던 우왕 14년(1388)에 순유박사를 거쳐 그해 겨울 성균박사로 승진하였다. 요동정벌로부터 시작되는 역사의 격동기에 길재는 성균관에서 학생들을 가르치고 있었다. 이 시기에 권근은 고려의 정치상황을 어떻게 인식하고 있었을까?

길재의 시 가운에 「반궁에서 우연히 읊다」(泮宮偶吟)라는 제목의 시가 있다. 박서생이 쓴 길재의 「행장」에는 "이해에 나라에서 요동을 공격하자 선생이 이 시를 지었다"라고 했다.

용수산 동쪽에 낮은 담장은 기울었고	龍首正東傾短墻
미나리 밭 두둑엔 푸른 버들 늘어졌네.	水芹田畔有垂楊
몸은 비록 다른 사람보다 나을 것이 없지만	身雖從衆無奇特
뜻만은 수양산의 백이·숙제라네.	志則夷齊餓首陽

길재는 생각했다. 고려는 날로 기울어져 가는데, 그 끝은 어디일까? 어쩌면 그 끝은 고려의 멸망일지 모른다. 그러나 나에게는 기울어져 가는 고려를 떠받칠 만한 힘이 없다. 내가 가진 정치적 지위와 경륜은 남다를 것 없이 지극히 평범할 뿐이다. 그렇다면 내가 선택할 수 있는 길은 무엇일까? 여기서 길재는 수양산에서 들어가 절의를 지킨 백이·숙제를 떠올리고 그들의 길을 가겠노라고 다짐한다. 이렇게 보자면, 길재는 이 시기에 이미 고려의 종말과 새 왕조의 등장을 예견하고 스스로 절의의 길을 가겠다고 결심했음을 알 수 있다.

실제로 고려의 역사는 길재의 예견대로 움직여갔다. 이성계는 정벌군을 이끌고 회군을 했고, 곧이어 우왕을 폐위시키고 창왕마저 폐위시켜 버렸다. 그 과정을 안타깝게 지켜보던 길재는 노모를 봉양한다는 핑계로 벼슬을 버리고 귀향길에 올랐다. 공양왕 2년(1390) 봄(1~3월)의 일이었다. 공양왕이 즉위한 것이 1389

년 11월이었으므로, 길재가 사직을 한 것은 공양왕 즉위 직후가 된다. 이에 대해 「연보」에서는 "나라가 장차 망할 것을 알고 노모를 봉양한다는 핑계로 벼슬을 버렸다"라고 하였다.

길재는 귀향하기 전에 누군가에게 편지를 보냈다.

어제저녁에 보내 주신 편지 잘 받았습니다. 요사이 안녕하시다니, 형언할 수 없을 만큼 위안이 됩니다. 저는 그럭저럭 지내고 있으나 처지와 사세事勢가 서울에 있기에 불편해서 추석에는 식구들을 데리고 선산 고향으로 가서 살 계획입니다.

이 짧은 편지는 8월 7일에 보낸 것으로 되어 있다. 어느 해인지는 확인되지 않지만, 정황상 귀향하기 한 해 전일 가능성이 높다. 확실한 것은 길재가 공양왕 2년 이전에 이미 귀향해야겠다는 생각을 했다는 것이고, 그것도 시기를 일주일 후인 추석으로 적시한 것으로 보아 귀향의 마음이 매우 절실했으리라는 것이다. 그렇다면 창왕의 폐위가 귀향의 직접적인 원인은 아닌 셈인데, 그가 귀향의 이유를 처지와 사세가 서울에 있기에 불편해서라고 밝힌 점으로 보아 당시의 정치상황을 견디기 어려웠던 것만큼은 분명하다. 어찌 되었든 추석 때 귀향하겠다는 계획이 곧바로 실행되지 못하고 공양왕 즉위 직후에 실행되었다는 것을 감안하면, 창왕의 폐위가 귀향 계획을 실행에 옮기는 데 어떤 형태로든 영향을 미쳤으리라는 것은 짐작할 수 있다.

고려의 정국은 위화도회군 이후 군권을 장악한 이성계 일파에 의해 움직였다. 그들의 힘이 커 가는 과정에서 많은 사람들이 투옥되고 유배를 갔으며, 심지어는 죽임을 당했다. 그리고 마침내 이성계 일파는 왕통을 바로 세운다는 명분으로 창왕을 폐위하고 공양왕을 옹립했다. 명분은 그럴듯했지만, 실제로 그 명분을 추동한 것은 힘이었다. 명분이야 어떻든 군대의 힘으로 왕을 교체할 수 있는 나라, 그 끝을 길재는 충분히 예견할 수 있었다.

길재는 가족을 이끌고 귀향하는 길에 장단長湍에 머물고 있던 이색을 방문해 그곳에서 하룻밤을 묵었다. 탄핵을 받고 물러나 있던 이색과 벼슬을 버리고 낙향하던 길재 두 사람은 당시의 정치상황과 고려의 앞날을 우려하면서 불면의 밤을 보냈으리라. 이색의 문집에는 "문생인 길주서吉注書가 집에서 보임될 차례를 기다리고 있다가 늙거나 어린 가족들을 데리고 선주善州(지금의 선산)로 돌아갈 적에, 나를 찾아와서 작별 인사를 하고 하룻밤을 묵고 갔다"라는 기사와 함께 다음의 시가 기록되어 있다.

태학에서 공부할 때 경서에 통했다 이름났고
급제해서 주서 되니 아직도 젊구려.
가족들 데리고 고향 갈 때 나에게 작별을 고하면서
내 말을 들으려 하는 것이 정녕한 뜻이 있는 듯하네.

책을 읽으면 옛사람을 따라야 하고
책문을 지으면 조정에 올리도록 해야겠지.
벼슬은 홀연히 오는 것이라 급할 것 없고
아득히 먼 하늘에 기러기 한 마리 날아가네.

從游泮水號通經　　及第注書雙鬢青
辭我携家故鄉去　　且聆吾語若丁寧
讀書須踐故人跡　　對策要登天子庭
軒冕倘來非所急　　飛鴻一箇在溟溟

　　입신양명의 길을 포기하고 귀향하는 38세의 젊은 관료를 이
색은 잡지 않았다. 오히려 그는 "벼슬은 홀연히 오는 것이라 급
할 것 없고"라고 하면서 길재의 떠남을 격려했다. 이색은 떠나는
길을 선택한 길재의 마음을 이해하고도 남음이 있었다. 옛 성현
의 길을 따라야 하는 선비로서 관직에 연연해서는 안 되기 때문
이다.

　　길재가 젊은 시절 가난에도 불구하고 학문의 길을 포기하지
않았던 것은 임금을 요순으로 만들어서 백성들로 하여금 요순시
대처럼 좋은 세상에서 살게끔 하기 위해서였다. 그는 「후산가서
後山家序」에서 다음과 같이 분명하게 말했다.

　　다만 힘을 다해 밭을 갈고 마음을 다해 학문을 닦아서 아래로

는 어버이를 봉양하고 위로는 임금을 섬기되, 봉양하길 어버이가 기뻐할 때까지 하고 모시길 임금이 요·순과 같은 성군이 되게 하여, 백성들을 요·순의 나라에 살게 하고 세상을 하·은·주 삼대처럼 태평성대로 만드는 것이 평소 나의 뜻이었다.

그러나 길재는 요순시대를 만들겠다는 꿈을 접었다. 그래서 길재는 다시 "이제 와서 불행하게도 하늘의 변고를 만나 십 년 공부가 사라지고 말았다"라고 탄식한다. 여기서 하늘의 변고란 우왕·창왕의 폐위, 나아가 고려의 멸망을 뜻한다. 길재는 "방황하고 탄식하다 훌쩍 마음을 돌려 스스로 자취를 감추고, 달 아래 관을 벗어 걸고 맑은 바람에 시를 읊으면서 하늘과 땅 사이에서 우러러보고 굽어보며 세상 밖을 소요하는" 은거의 길을 선택했다. 그러면서 그는 "그 시대의 책임을 떠맡지 않고 하늘이 주신 나의 올바른 본성을 길이 보존한다면 과연 은하수를 넘어 우주 밖으로 나갈 수 있을 것이다. 어찌 천 필 말, 만 섬 쌀과 같은 부귀를 부러워하랴"라고 하여 자신의 선택을 정당화했다.

훗날 이이李珥는 선조 임금에게 올린 글에서 진유眞儒 즉 참된 유학자에 대해 다음과 같이 말했다.

이른바 진유란, 세상에 나아가면 한 시대에 도를 행하여 이 백성으로 하여금 태평의 즐거움을 누리게 하고, 물러나 숨어 있으면 만세에 가르침을 전하여 배우는 사람으로 하여금 큰 잠에서 깨어나게 하는 것입니다. 세상에 나아가서는 도를 행하지 못하고 물러나서는 전할 만한 가르침이 없다면, 비록 진유라고 일컫더라도 저는 믿지 않습니다.

낮은 직위에 있었던 길재로서는 정국의 방향을 바꿀 만한 힘이 없었고, 기울어져 가는 고려를 떠받칠 만한 힘은 더더욱 없었다. 이이의 말대로 이 백성으로 하여금 태평성대의 즐거움을 누리게 할 수 없다면, 차라리 고향에 돌아가 은거하면서 만세에 가르침을 전하는 것이 절의를 지키는 길이고 나아가 유가의 도를 보존하는 길일지도 모른다.

길재의 삶과 이에 대한 후대의 평가는 이이의 말이 틀리지 않았음을 증명해 준다. 이이의 표현을 빌리자면, 길재는 "만세에 가르침을 전하여 배우는 사람으로 하여금 큰 잠에서 깨어나게 한" 사람이다. 사직과 귀향으로 시작된 은거 생활로 인해 그는 후세 사람들에게 절의를 일깨우고 도를 일깨우는 사표가 될 수 있었다.

2) 길재는 왜 사직을 했을까?

여기서 한번 생각해 보자. 길재는 왜 사직을 했을까? 우선 창왕을 폐위시키고 공양왕을 즉위시킨 것이 부당하다고 여겼기 때문이라고 생각해 볼 수 있다. 아니면 고려가 곧 폐망하리라고 예견했기 때문일 수도 있다. 두 가지 가능성이 다 있다.

실제로 급진개혁파에서 창왕을 폐위시킨 명분은 그가 신돈의 혈통이므로 왕씨의 혈통을 세워야 한다는 것이었다. 이러한 주장에 따르면 공양왕의 즉위는 잘못된 왕통을 바로잡는 의로운 행위가 된다. 이 문제와 관련하여 길재의 견해가 어떠했는지는 정확히 알 수 없다. 다만 길재가 자신의 임금으로 인정한 임금이 우왕과 창왕이었다는 것만큼은 분명해 보인다. 우선 그가 사직을 한 것이 공양왕 즉위 직후였다는 것은 창왕의 폐위를 온당한 일로 여기지 않았음을 시사한다. 이는 공양왕 3년(1391) 우왕이 죽었다는 소식을 듣고 나물, 과일, 젓, 간장 등을 전혀 먹지 않고 삼년복을 입었다는 데서 확인할 수 있다.

실제로 우왕이 공민왕의 친아들이 아니라 신돈의 아들인지는 확인할 길이 없다. 분명한 것은 공민왕이 그를 아들로 인정해 세자로 삼았고, 당시 이에 대해 별 이견이 없었다는 점이다. 그럼에도 중요한 것은 우왕의 아들인 창왕이 신씨라는 명분으로 폐위되었고, 그것이 『고려사』나 『조선왕조실록』 같은 정사에 기록되었다는 사실이다. 그 결과 조선의 지식인들은 대체로 창왕이 신씨라는 것을 사실로 받아들였고, 따라서 창왕의 폐위도 왕통을 바로잡기 위한 올바른 선택이었다고 인정했다.

사실 이것을 인정하지 않으면 조선 건국 세력들이 주도한 창왕의 폐위도 정당화될 수 없고, 결과적으로 건국 세력의 도덕성에 치명적인 결함이 발생하고 조선왕조의 정통성은 심각하게 훼손될 수밖에 없다. 창왕이 왕씨라면, 고려의 왕통을 바로잡기 위해 창왕을 폐위한다는 명분은 결국 새 왕조를 세우기 위하여 조작된 허구가 되기 때문이다.

만약 창왕이 신씨임에도 정몽주나 길재가 섬겼다면 과연 그들이 절의를 지킨 충신이 될 수 있었을까? 실제로 조선 역사를 보면 정몽주나 길재의 충절을 문제 삼는 경우가 없지 않았다. 특히 길재의 경우는 고려의 신하로서 거짓 왕인 신씨에 충절을 바친 것이므로 문제가 될 소지가 있었고, 이 때문에 안방준安邦俊 같은 경우는 길재를 양웅揚雄의 무리로 혹평하기까지 하였다.

이에 대한 가장 적극적인 반론은 기의헌奇義獻에게서 나왔는데, 그의 주장은 우왕과 창왕이 왕씨라는 전제에서 출발한다. 위화도회군 직후에 대장군 조민수가 의견을 물었을 때 이색이 "전왕의 아들을 세우는 것이 당연하다"라고 하여 창을 왕으로 세웠으며 정몽주와 길재 역시 신하가 되어 섬겼다는 것이 주요한 논거였다. 조정에 신하로 있으면서 사실 여부를 모를 리 없는 그들이 왕으로 섬겼다는 것은 우왕과 창왕이 왕씨임이 분명하다는 논리이다. 기의헌은 한 걸음 더 나아가서 우왕과 창왕이 역사에 신씨의 아들로 기록된 것은 우리 조정에 잘 보이기 위해 날조된 것이라고 하였다. 조선왕조 들어 편찬된 『고려사』의 기록이 조선왕조의 입장에서 조작되었다는 뜻이다. 이렇게 되면 길재는 거짓왕이 아니라 진정한 왕을 섬긴 것이므로 그의 충절이 전혀 문제될 것이 없다.

이러한 주장은 창왕이 신씨라는 조선왕조의 공식적인 견해를 부정하는 것일 뿐만 아니라 창왕의 폐위를 주도했던 조선 건국 세력의 도덕성에 타격을 줄 수 있는 급진적인 견해이다. 게다가 창왕의 폐위에 적극적으로 관여한 정몽주를 과연 고려의 충신으로 인정할 수 있겠느냐 하는 문제도 제기될 수 있다.

이보다 온건한 견해는 우왕과 창왕이 신씨이긴 하지만 그때까지만 해도 신씨인 줄 몰랐다는 견해이다. 실제로 중종 때 정몽주의 문묘종사를 반대했던 사람들 가운데 일부는 정몽주가 신씨를 왕으로 섬긴 잘못이 있다고 지적했고, 이에 맞서 사림파는 신씨인 줄 몰랐다는 주장을 폈다. 공민왕이 아들로 인정해서 세자로 앉혔고 당시 신하들도 문제를 제기하지 않았기 때문에 정몽주역시 신씨임을 알지 못했다는 것이다. 이렇게 되면, 가짜 왕을 몰아내고 진짜 왕을 세운다는 폐가입진廢假立眞의 명분이 정당화될여지가 있다.

신씨인 줄 몰랐기 때문에 왕으로 섬긴 것은 도덕적으로 큰 문제가 되지 않는다. 그리고 충절의 논리에 따르면, 신씨라는 사실이 밝혀졌다면 고려의 신하, 즉 왕씨의 신하는 신씨를 폐위시키고 왕씨의 왕을 세워야 마땅하다. 이러한 논리라면 정몽주의 충절은 전혀 문제될 것이 없다. 하지만 길재의 경우는 다르다.

길재는 창왕이 폐위되고 공양왕이 즉위한 직후에 사직을 하고 고향으로 돌아갔다. 창왕이 신씨라는 것이 공론화된 상태에서 그를 위해 조정을 떠난 셈이다. 이것은 그가 왕씨의 신하가 아니라 신씨의 신하임을 자처한 것이고, 그것은 고려의 신하되기를 거부한 것으로 해석될 여지가 있다.

여기서 이황의 견해를 주목해 볼 필요가 있다. "정몽주와 길재의 절의는 과연 신씨를 위한 것입니까?"라는 질문을 받고, 이황은 "비록 신씨라고 하더라도 우리 왕이 이미 아들로 인정했으니 정몽주와 길재가 섬긴 것은 당연한 일이다"라고 답하였다. 이황은 우왕이 설사 신씨일지라도 공민왕이 자식으로 인정하여 세자로 삼았기 때문에 신하로서 왕으로 섬기는 것은 당연하다는 주장을 폈다. 이 논리를 길재의 경우에 적용하면, 길재는 공민왕의 유지에 따라 왕위에 오른 우왕과 그 아들인 창왕을 섬겼고, 따라서 창왕의 폐위를 인정할 수 없었던 것이다. 이러한 논리를 따르면 길재는 자신의 왕인 우왕과 창왕에 대해 신하의 도리를 다한 것이 된다. 물론 이 경우에도 우왕의 폐위를 어떻게 보아야 하느냐 하는 문제는 여전히 남는다. 다만 우왕은 민의에 반하는 요동 정벌을 강행했고, 이는 폐위의 충분한 이유가 된다는 설명이 가능하다.

이 지점에서 생각해 볼 문제가 있다. 길재는 자신이 모시던 왕이 폐위되자 은거의 길을 선택했다. 하지만 정몽주는 떠나지 않았을 뿐만 아니라 오히려 창왕 폐위와 공양왕 옹립에 적극적으로 개입했다. 이 시기에 고려의 충신 두 사람이 선택한 길은 너무도 달랐다. 이를 어떻게 해석해야 할까?

훗날 남효온南孝溫은 금오산을 지나면서 길재의 충절을 다음과 같이 노래했다.

> 신씨 조정에서 주서 벼슬한 야은 선생
> 서리보다 빼어나고 물보다 맑구려.
> 큰 절개는 백성들의 입에 새겨져 있고
> 창공에 솟은 금오산은 영원하리.
> 무왕의 혁명은 하늘이 도왔거늘
> 백이는 어찌하여 홀로 부끄러워했던가.
> 목숨은 새털처럼 가볍고 의리는 산처럼 중하니
> 야은과 포은 선생이 이 이치 알았구려.
> 포은은 몸소 두 성의 임금을 섬겼으니
> 큰 재목의 한 치 상처요 맑은 거울 속의 흠이구나.

금오산

야은 선생만이 오직 한 임금을 섬겼으니
참된 앎과 독실한 실천을 누가 견주리.

辛朝注書吉冶隱　　秀於嚴霜淸於水
大節銘在蒼生口　　烏山截空一百祀
武王革命天眷隆　　夷何爲哉而獨恥
鴻毛命輕義重山　　公與達可知此理
達可身經二姓王　　杞梓寸朽鑑中玼
公身所委惟一君　　眞知獨行誰與比

남효온은 정몽주가 신씨와 왕씨 두 성씨의 임금을 섬겼기 때문에 충절에 흠이 있지만 길재는 신씨를 왕으로 섬기다 공양왕이 즉위하자 떠남으로써 큰 절개를 지켰다는 다소 파격적인 주장을 폈다. 물론 정몽주와 길재가 다 같이 목숨보다 의리를 더 중요하게 여긴 사람이라는 것을 부정하지는 않았다. 그러나 남효온에게는 임금이 신씨인가, 왕씨인가는 중요하지 않았다. 그에게 중요한 것은 군신관계 그 자체였다. 이 관점에 따르면 정몽주는 고려왕에 대한 의리를 지킨 충신이라고 할 수 있지만, 창왕에 대한 의리를 저버린 흠을 가지고 있다.

정경세는 남효온의 견해를 반박했다. 정경세의 주장은 우왕이 신씨일 가능성이 크다는 데서 출발한다. 우왕이 신씨라면 그는 왕통을 도둑질한 역적이 되므로, 신씨를 위해 절개를 지켰다면 그것은 근거 없는 절개일 수밖에 없다. 그러므로 정경세는 우왕과 창왕의 일을 거론하지 말고 다만 "고려조의 근신近臣으로서 종사宗社가 장차 망할 것을 알고는 관직을 내버린 채 떠나갔으며, 성인聖人이 일어나서 만물이 모두 우러러보는 때를 당하여 종신토록 출사하지 않았다"라고 말한다면, 이는 두 성씨의 임금을 섬기지 않은 것을 훌륭하게 여긴 것으로서 광명정대하다고 하였다. 길재를 신씨에 절개를 지킨 인물로 축소시키지 말고 고려왕조에 절개를 지킨 인물로 보는 것이 적절하다는 제안인 것이다. 이어서 정경세는 정몽주와 길재의 처신이 모두 도에 부합한다면서 다음과 같이 덧붙였다.

아, 야은은 미관말직이었으니 나라가 망하면 자신도 함께 망해야 하는 의리는 없었다. 그러므로 기미를 미리 살펴보고서 물러나 자신의 몸을 스스로 깨끗하게 한 것이다. 그러나 포은은 대신大臣이었기에 한 몸으로 사직의 부탁을 떠맡았다. 그러므로 위태로움에 임해서 목숨을 바치고, 자신을 죽여서 인仁을 이루었다. 이 두 가지는 모두 도에 맞는 것이다. 다만 처신하기의 쉽고 어려움을 가지고 논한다면 참으로 차이가 있다. 이 세상에 논의하기를 좋아하면서 헐뜯기를 교묘하게 하는 자들은 이에 포은에게서 허물을 찾아내려고만 하니, 그 어질지 못함이 심하다. 그런데 애석하게도 남효온 역시 이런 잘못을 면치 못하였다.

길재는 공양왕이 즉위한 직후에 벼슬을 내놓고 귀향을 했다. 현재 남아 있는 자료만으로는 길재가 왜 사직을 하고 귀향했는지 정확히 알 수 없다. 자신이 섬기던 창왕이 폐위되자 이를 못마땅하게 여겨 떠난 것일 수도 있고, 고려가 망할 것을 미리 알고 떠났을 수도 있다. 고려가 망할 것을 알고 떠났다는 견해는 그의 「행장」을 비롯해, 이것에 근거해서 쓰인 수많은 자료에 등장한다. 전자의 유력한 근거가 되는 것은 "길재가 신씨辛氏 조정에 등과하여 벼슬하다가, 왕씨王氏가 복위하자 곧 고향에 돌아가서 장차 몸을 마치려 하였습니다"와 같은 표현이다. 이것은 이방원이 세자 시절에 길재를 불렀을 때 길재가 그에게 준 글로서 『정종실록』에 나오는 대목이다. 신씨의 조정에서 벼슬하다 공양왕이 복위하자 그만두었다는 것인데, 이와 유사한 표현이 여러 자료에 나온다. 신씨의 조정과 같은 표현 때문에 길재의 절의가 의심 받기도 했다. 그러나 이러한 표현이 길재가 직접 쓴 글에는 등장하지 않는다는 점에서 편찬자들이 당시(조선시대) 상황에 맞게 표현을 바꾸었을 가능성이 높다.

3. 출사 거부

1) 오백 년 도읍지를 필마로 돌아드니

금오산 자락에 은거해 있던 길재를 조선왕조에서 부른 것은 정종 2년(1400)이었다. 이해 7월 정종의 동생이면서 실질적인 실권자였던 이방원은 길재가 경전에 밝고 행실이 바르다는 이유로 삼군부三軍府를 통해 그를 불렀다. 이방원과 길재는 전 왕조에서 한때 성균관에서 같이 공부하기도 했고, 한 마을에 살면서 서로 왕래하던 사이였다. 이방원은 어느 날 학자들과 더불어 은거한 선비에 대해 이야기를 나누다 길재를 칭찬하며 다음과 같이 말했다.

길재는 곧은 사람이다. 내가 일찍이 함께 배웠는데, 보지 못한
지 오래되었다.

길재의 곧은 성품을 잘 알고 있었던 이방원이었지만, 낙향한
이래로 그의 근황이 어떤지 상세히 알지 못했다. 마침 선산 출신
으로 당시에 정자의 직위에 있던 전가식田可植이 그 자리에 있었
다. 그는 한 해 전에 장원급제한 후 이제 막 관료 생활을 시작했
기 때문에 누구보다도 길재의 선산 생활을 잘 알고 있었다. 길재
가 고향 땅에서 어머니를 정성껏 모시며 효행을 다하고 있다고
전가식이 말하자, 이방원은 기뻐하며 벼슬을 내릴 생각으로 길재
를 불렀다.
　　길재는 올라오라는 전갈을 받았지만 상경할 생각이 별로 없
었다. 하지만 상부의 지시를 받은 현지 관리들의 성화에 못 이겨
마침내 역마를 타고 개경으로 향했다. 당시 조선은 왕자의 난 때
문에 한양의 정세가 어수선해져서 고려의 서울, 즉 개경으로 잠
시 천도해 있었다.
　　길재가 말을 타고 개경에 들어선 것은 그의 나이 48세 때였
다. 38세 때 개경을 떠났으니까, 정확히 10년 만에 개경 땅을 다
시 밟는 순간이었다. 10년이면 강산도 변한다는 시간, 그의 감회
가 남다를 수밖에 없었다. 산천은 옛 모습 그대로였지만 폐망한
나라의 도읍지, 개경의 정취마저 그대로일 리가 없고, 특히 왕조

채미정 입구의 「회고가」 시비

교체 과정에서 희생되거나 추방된 사람들의 자취는 찾을 길이 없었다. "오백 년 도읍지를 필마로 돌아드니"로 시작하는 그 유명한 시조가 이때 탄생했으리라.

오백 년 도읍지를 필마匹馬로 돌아드니
산천은 의구하되 인걸은 간 데 없다
어즈버 태평연월이 꿈이런가 하노라

길재가 올라오자, 정종 임금은 이방원의 건의에 따라 그를 정6품 벼슬인 봉상박사奉常博士에 임명하였다. 그러나 애초부터 벼슬할 생각이 없었던 길재는 임금에게 감사의 인사를 드리지도 않고 이방원에게 다음과 같은 내용의 글을 보냈다.

제가 옛날에 저하와 더불어 반궁泮宮에서 『시경』을 읽었었는데, 지금 신을 부른 것은 옛정을 잊지 않은 것입니다. 그러나 저는 신씨 조정에서 급제하여 벼슬하다가, 왕씨가 복위하자 곧 고향에 돌아가서 장차 몸을 마치려 하였습니다. 지금 옛일을 기억하고 부르셨으니 제가 올라와서 뵙고 곧 돌아가려는 것이지, 벼슬에 종사하는 것은 저의 뜻이 아닙니다.

길재는 이방원이 성균관에서 같이 공부하던 옛정을 잊지 않고 불러 준 데 대해 감사하면서도, 자신이 벼슬을 할 수 없는 이유를 정중하면서도 단호하게 밝혔다. 신씨 조정에서 벼슬했다는 것은 우왕·창왕 시절에 벼슬을 했다는 뜻이고, 왕씨가 복위했다는 것은 공양왕이 즉위했다는 뜻이다. 요컨대 길재 자신은 우왕·창왕의 신하이기 때문에 창왕의 폐위와 함께 자신의 관직 생활을 끝내는 것이 마땅하다는 논리이다.

이에 이방원은 다음과 같이 답하였다.

그대가 말하는 것은 바로 강상의 바꿀 수 없는 도리이니, 의리상 뜻을 빼앗기가 어렵다. 그러나 부른 것은 나요 벼슬을 시킨 것은 주상主上이니, 주상께 사면을 고하는 것이 옳을 것이다.

신하가 두 임금을 섬길 수 없다는 것은 영원히 변치 않는 도리이므로, 그 도리를 지키려는 뜻을 억지로 꺾는 것은 옳지 않다는 의미이다.

이방원은 정적을 제거하는 데 매우 과감하고 무자비했다. 새 왕조를 여는 데 최대의 걸림돌이었던 정몽주를 선죽교에서 급습해서 죽였고, 조선 초에 최대 정적이었던 정도전 및 자신의 형제들을 제거할 때도 마찬가지였다. 왕위에 올라서도, 심지어는 상왕 시절에도 자신의 권력에 위협이 된다고 판단되면 누구를 막론하고 가차 없이 죽음의 칼날을 들이댔다. 그의 처남인 민무질 4형제와 세종의 장인인 심온도 죽임을 면하지 못했다. 그러나 왕권에 직접적인 위협이 되지 않는 사람들에 대해서는, 비록 그들이 자신과는 다른 길을 걷는다고 할지라도 그는 매우 관대하게 대하는 포용력을 발휘했다. 길재에게 보인 아량이 한 예이다.

길재는 이방원의 뜻을 받아들여 정종에게 다음과 같은 글을 올려 사직의 뜻을 전했다.

신이 본래 한미한 사람으로 신씨의 조정에서 과거에 합격하고
벼슬이 문하주서門下注書에 이르렀습니다. 신이 듣건대, "여자
에게는 두 남편이 없고, 신하에게는 두 임금이 없다"고 합니

다. 저를 놓아 보내 시골로 돌아가게 하여, 두 성姓을 섬기지
않겠다는 뜻을 이루게 하고, 효도로 늙은 어미를 봉양하게 하
여 여생을 마치게 해 주십시오.

길재는 임금이 내린 벼슬을 거부했다. 게다가 조선 건국 세
력이 강제로 폐위시킨 우왕·창왕의 신하임을 자처하면서 두 성
을 섬기지 않겠다고 했으니, 이는 조선의 임금을 임금으로 받아
들일 수 없다는 주장이다. 이튿날 정종은 경연에 나아가서 권근
權近에게 "길재가 절개를 지키고 벼슬하지 않으니, 예전에 이런
사람이 있었는지 알지 못하겠다"라고 하면서 어떻게 처리하는
것이 좋을지를 물었다. 이에 권근이 대답하였다.

이런 사람은 마땅히 머물기를 청하여 작록爵祿을 더해 주어서
뒷사람을 권장하고 격려해야 합니다. 그러나 청하여도 억지로
가겠다고 한다면 스스로 그 마음을 다하게 하는 것이 낫습니
다. 광무제光武帝는 한漢나라의 어진 임금이지만 엄광嚴光이
벼슬하지 않았습니다. 선비가 진실로 뜻이 있으면 그 뜻을 빼
앗을 수 없습니다.

엄광은 후한의 광무제와 젊은 시절 함께 공부한 절친한 사이
였으나, 광무제가 즉위하자 벼슬을 사양하고 은거한 인물이다.

청대 화가 왕원기王原祁의
「엄릉조대도嚴陵釣臺圖」

권근은 광무제와 엄광의 전례를 들어, 길재에게 작록을 더 올려 주되 그가 끝내 떠나고자 한다면 억지로 붙잡아서는 안 된다는 견해를 피력했다. 길재와 같이 절개를 지키는 신하를 높이 받들어야 후세 신하들의 귀감이 될 수 있다는 뜻이었다. 권근은 길재보다 불과 한 살 많았지만, 그가 죽었을 때 심상 3년을 지냈을 만큼 길재가 존경한 마음의 스승이었다.

마침내 정종은 길재가 선산으로 돌아가는 것을 허락하고, 그 집의 부역을 면제해 주도록 했다. 이에 대해 홍여강洪汝剛은 『정종실록』에서 다음과 같이 평가하였다.

어떤 사람은 "신씨가 이미 정통이 아니요 주서注書가 또한 현달한 관직이 아니니, 길재는 마땅히 조선 조정에서 벼슬해야지 작은 절개에 구애되어서는 안 된다"고 말한다. 나는 생각하건대, 충신은 두 임금을 섬기지 않고 열녀는 두 남편을 섬기지 않는다고 하니, 신씨가 비록 거짓 왕(僞朝)이지만 이미 폐백을 바쳐 신하가 되었고 주서가 비록 낮은 관직이지만 또한 종사하여 녹을 먹었는데 어떻게 거짓 왕과 낮은 관직이라 해서 신하된 분수를 어그러뜨릴 수 있겠는가! 또 절의는 천지의 상경常經이어서, 처음 태어날 때 받지 않음이 없다. 그러나 공리功利에 이끌리고 작록에 어두워져서 모두 온전히 지키지 못한다. 신씨가 망한 지가 이미 오래되고 자손 가운데 의탁할 만한 자도 없는데, 길재가 능히 옛 임금을 위해 절의를 지켜 공명을 뜬구름같이 여기고 작록을 헌신짝같이 여겨서 초야에서 몸을 마치려 했으니, 또한 충직한 선비라고 하겠다.

2) 망한 나라의 천한 포로의 몸으로서

『야은선생언행습유』에는 길재가 이 무렵 썼다고 하는 글 3 편이 수록되어 있다. 「태상박사를 사양하는 글」(辭太常博士箋), 「다시 사양하는 글」(又辭箋), 「재상에게 올리는 글」(上宰相啓)이 그것인데, 이 글들이 길재의 것인지는 확실하지 않다. 이 책의 편찬자는 이 세 편의 글에 대해서 "위 세편은 선생이 지은 것이라 하기도 하고 혹은 후인의 위작이라고 하기도 하는데, 우선 여기에 실어두고 아는 사람이 나오기를 기다린다"라면서 특히 두 번째 글은 "어함종魚咸從의 유고遺稿에도 실려 있으니 더욱 의심스럽다"라고 하였다.

이 세 편의 글은 길재의 「산가서山家序」와 「후산가서後山家序」, 그리고 『조선왕조실록』에 실려 있는 길재의 다른 언급들과 비교해 볼 때 매우 단호한 어조, 치밀한 논리, 화려한 수사 등을 사용하고 있어 이질적인 것이 사실이다. 그러나 길재의 글 가운데 완성된 형태로 존재하는 산문은 「산가서」와 「후산가서」 두 편뿐이므로, 이 두 편만으로 길재 글의 특성을 일반화하기 어려운 측면도 있다. 다만 이 글들의 내용이 『조선왕조실록』의 기록에 크게 배치되지 않는다는 점을 감안하면, 이 글들의 내용을 살펴보는 것도 길재의 정신세계를 풍부하게 이해하는 데 도움이 될 것으로 생각된다.

정종에게 올렸다는 첫 번째 글에는 불사이군의 충절이 잘 드러나 있다. 작자는 "남은 일생 기구한 신세로 이미 시골에 물러났는데, 은혜가 특별하여 다시 벼슬을 내리셨으나 분수에 넘는 일이라 어찌 함부로 나아가 감당하겠습니까?"라면서, 주신 벼슬을 사양하겠으니 허락해 달라는 간곡한 부탁으로 글을 시작하였다. 작자는 이어서 "임금을 섬기지 않는 것이 어찌 지조를 지켰다는 이름을 얻기 위해서이겠습니까?"라고 반문하고는 다음과 같이 말하였다.

이미 전 왕조의 신하가 되어 몸을 바쳤으니 진실로 힘써 그에 충성을 다하는 것이 마땅한데, 우왕·창왕이 패망하는 때를 당해서는 획읍畵邑의 왕촉王蠋이 두 임금을 섬기지 않은 것처럼 목숨을 버리지 못했고 새 왕조가 들어선 후에는 주나라의 곡식을 사양하고 수양산으로 들어간 백이·숙제가 되지 못했습니다. 명분과 의리가 없어지고 곧은 절개조차 굽히게 되었으니, 이 미천한 목숨을 죽여서 장차 두 마음을 가진 신하들에게 부끄러움을 느끼게 하심이 마땅합니다. 망한 나라의 천한 포로의 몸으로서 어찌 거룩한 조정의 커다란 은택을 입을 줄 생각이나 했겠습니까?…… 바라건대 해가 밝게 비추고 하늘이 사사롭지 않은 것처럼 신의 변치 않는 충정을 어여삐 여기시고 신의 빼앗기 어려운 지조를 헤아리시어, 다시 고향으로 내려가 여생을 마치도록 해 주십시오.

　왕촉은 제나라 획읍 사람으로 연나라가 제나라를 친 후 예를
갖추어 정중하게 불렀으나 나아가지 않은 인물이다. 그는 획읍
사람들을 몰살하겠다고 협박하자, "충신은 두 임금을 섬기지 않
고, 정숙한 여인은 두 지아비를 갖지 않는다", "의롭지 않게 사는
것보다는 차라리 고통스럽게 죽는 것이 낫다"라고 하면서 스스
로 나무에 목을 매어 죽었다고 한다.
　「재상에게 올리는 글」에도 조선왕조에 나아가길 거부하는
결연한 의지가 담겨 있다. 글의 내용으로 보아서 어느 재상이 먼
저 그에게 벼슬길에 나오도록 권유한 것으로 보이는데, 이 글은
작자가 그 재상에게 보낸 답장이다. 이 글은 "5백 년 만에 훌륭한
임금이 나오시니, 어진 사람들이 뽑혀 무리로 나아가는 것이 마
치 바람이 범을 따르는 듯 구름이 용을 따르는 듯하며, 1천 년 만
에 황하가 맑아져 자취를 감췄던 사람들이 새가 산을 좋아하듯
고기가 물을 기뻐하듯 합니다"로 시작된다. 조선왕조의 출범을
축하하는 인사치레이다. 이어서 작자는 "성현의 글을 읽으면서
배운 것이 무엇이겠습니까? 자식은 죽음으로 효도하고 신하는
죽음으로 충성을 하는 것입니다. 고금의 예를 실천하면서 갖는
포부는 다른 것이 아닙니다. 평소에는 인을 행하고 변을 당해서
는 절개를 지키는 것입니다"라고 하여 신하가 지켜야 할 충절을

강조했다.

갑을 섬기다 변절하여 을로 옮겨 가면, 실로 소와 말에 옷을 입혀 놓은 것과 다를 바 없습니다. 밤이 지나 별들의 빛이 희미해져도 장경성長庚星만은 반짝이고, 나뭇잎들이 떨어져 산이 비어도 노송만은 늠름하게 남아 있습니다.…… 어찌 무력의 힘으로 굴복시킬 수 있고 어찌 부귀가 바꿀 수 있겠습니까? 섬기던 임금이 없어졌는데 어찌 미천한 몸을 아끼겠습니까? 제가 비록 상가의 개이고 망국의 노예로서 천지간 도망갈 곳 없는 죄인이지만, 오랑캐 땅으로 달아날 수 있겠습니까?…… 옛 나라를 더럽혀 주서의 벼슬을 했으니, 새 나라에서는 몸을 숨겨 한가로이 나무꾼들과 벗하여 푸른 들에서 생애를 보내면서 흰 갈매기에 신세를 붙일까 합니다.…… 큰 나라가 세상을 건져 만물이 다시 새로워졌으니 고려의 도망한 신하는 한 번 죽는 것만이 남아 있을 뿐입니다.…… 이 외로운 발자취를 후대에 남겨 아첨하는 비부들을 꾸짖으며, 비록 망국의 천한 포로일망정 새로운 기풍을 여는 데 도움이 되고자 합니다. 개와 말도 주인을 그리워하는데 하물며 사람의 신하가 임금을 잊을 수 있겠습니까?…… 하나의 돌이 어찌 태산에 보탬이 되겠으며, 한 잔의 물이 어찌 긴 강에 보탬이 되겠습니까? 한가한 곳에 놓아 주신다면 피눈물로 허물을 뉘우치겠으나, 억지로 묶어

벼슬을 시킨다면 오히려 잠자는 듯이 죽기를 원합니다. 다행
히 신하의 절개를 지키는 데 조금이라도 도움이 된다면 큰 형
벌을 받는다 해도 애석하게 여기지 않겠습니다.……

수기修己와 치인治人은 유자 즉 선비가 살아가는 두 가지 방
식이다. 『논어』에서는 "쓰이면 나아가 도를 행하고, 버려지면 숨
는다"고 했다. 임금이 알아주지 않으면 그만이지만 불러주면 나
아가 벼슬해야 한다는 뜻이다. 하지만 길재는 임금이 불러 관직
을 내렸음에도 그것을 거부하고 받아들이지 않았다. 참된 선비
들이 벼슬에 나아가는 데는 다 때가 있기 때문이다.

『논어』에서는 "위태로운 나라에는 들어가지 않고 어지러운
나라에는 살지 않는다. 세상에 도가 있으면 나타나 벼슬하고 도
가 없으면 은둔한다"라고 하였다. 임금이 부른다고 아무 때나 나
아가서는 안 된다는 뜻이다. 길재가 두 임금을 섬길 수 없다고 하
여 조선왕조에 출사하길 거부한 것은 바로 새 왕조에는 도가 없
다는 인식, 즉 새 왕조는 정통성이 없다는 생각과 무관하지 않다.

선비가 세상에 나아가지 않고 은둔한다는 것은 단순히 현실
을 떠난다는 의미가 아니다. 선비가 은둔의 길을 선택할 때, 그것
은 이미 현실에 대한 일정한 평가를 전제하고 있다. 벼슬을 할 만
한 때가 아니라는 것이 그것이다. 길재에게서 보듯이 은둔은 현
실과 권력에 대한 저항의 뜻을 담고 있다. 그것은 단순히 현실을

잊고 도를 포기하는 은자隱者의 삶이 아니다. 선비는 산림에 은거해 있을 때에도 세상을 잊지 않는다. 몸은 현실을 떠나 있되 마음은 결코 인간의 도를 떠나지 않는 것이 은사隱士의 삶이다. 이에 대해 이이李珥는 "물러나 숨어 있으면 만세에 가르침을 전하여 배우는 사람으로 하여금 큰 잠에서 깨어나게 한다"라고 하였다.

3) 통곡하며 쓴 편지

길재가 조선왕조 출범 직후에 썼을 것으로 보이는 편지 한 통이 있다. 안준安俊에게 보낸 편지인데, 안준은 정몽주가 살해된 후 그 일당으로 몰려 의령宜寧으로 유배된 인물이다. 『태조실록』에는 새 왕조 출범 직후에 안준은 직첩을 회수당하고 먼 지방으로 방치放置되는 처벌을 받은 것으로 되어 있다. 이 무렵에 예천禮泉으로 유배지가 바뀐 것으로 보이는데, 얼마 후 그곳에서 죽었다고 한다. 다음은 길재가 안준에게 보낸 편지이다.

> 강산은 예전과 다르고 태양 곁의 구름 빛도 변했습니다. 별들은 새벽달에 걸리었고 들판에 닭들은 시끄럽게 울어 대는데, 눈을 떠 사방을 돌아보니 부끄럽지 않은 것이 없습니다. 초가집 어느 곳에 이 미천한 몸을 의탁하겠습니까? 금오산 한 자락에 햇빛은 여전하고 구름은 흘러가는데, 초목이 무성하고 대

나무도 울창합니다. 여기에 움막을 엮어서 낮이나 밤이나 베개 하나로 세월을 보내니, 새들이 토란 밭에 날아와 지저귑니다. 혹시 그대와 함께 다시 한 번 만나 돈독했던 옛 정으로 회포를 풀고 싶지만, 하늘이 장난을 치니 사람이 어찌하겠습니까? 시를 지어 읊조려 보지만 목조차 멥니다. 옥 같은 그대가 내 마음을 위로해 주십시오. 편지를 봉하려니 북받치는 슬픔을 표현할 길이 없습니다. 전 행 춘추관주서 길재는 통곡하며 씁니다.

금오산 자락에서 길재는 옛 친구에게 망국의 슬픔을 이렇게 표현했다. 그의 말대로 통곡하면서 쓴 편지로서 고려의 망국에 대한 슬픔이 절절히 묻어나는 글이다.

훗날 이황李滉이 길재의 고향인 선산의 봉계를 찾은 적이 있다. 서울의 성균관에 유학했다가 예안으로 돌아가는 길이었다. 귀향길에 권벌權橃과 함께 여주를 지나다 김안국金安國을 방문한 후, 그는 문경세재를 넘어 곧장 예안의 집으로 가지 않고 발걸음을 돌려 선산을 들렀던 것이다. 훗날 조선유학사의 거목으로 성장하게 될 33세의 젊은 학도 이황은 봉계 마을에 세워진 길재의 정려旌閭를 지나면서 다음과 같은 시를 읊었다.

아침에 낙동강을 지나노라니　　　　　　　　　朝行過洛水

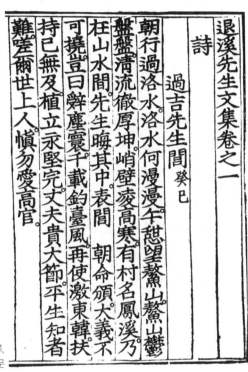

退溪先生文集卷之一

詩

過吉先生閭 癸巳

朝行過洛水洛水何漫漫午憩望鰲山鰲山鬱
盤盤清流徹厚坤峭壁凌高寒有村名鳳溪乃
枉山水間先生晦其中表間　朝命頒大義不
可撓豈曰辭塵寰千載釣臺風再使激東韓扶
持已無及植立永堅完丈夫貴大節平生知者
難嗟爾世上人愼勿愛高官

『퇴계문집』, 권1,
「과길선생려」 원문

강물은 굽이굽이 끝이 없네.	洛水何漫漫
한낮에 멈춰서 금오산 바라보니	午憩望鰲山
숲속 나무들 얼기설기 울창하네.	鰲山鬱盤盤
맑은 물은 두터운 땅을 꿰뚫었고	淸流徹厚坤
가파른 벼랑은 높은 하늘에 솟았네.	峭壁凌高寒
봉계鳳溪라는 이름의 마을이	有村名鳳溪

산과 물 사이에 있네.　　　　　　　乃在山水間

선생께서 그 속에 숨어 사셨으니　　先生晦其中

조정에서 정려를 세워 표창하였네.　表閭朝命頒

대의大義를 꺾을 수 없었으니　　　　大義不可撓

어찌 세상을 저버렸다고 하리오.　　豈曰辭塵寰

천 년 전 엄자릉嚴子陵의 기풍이　　千載釣臺風

다시금 이 땅을 울렸다네.　　　　　再使激東韓

나라를 부지하지는 못했으나　　　　扶持已無及

곧은 절개 영원히 굳건하네.　　　　植立永堅完

장부는 큰 절개를 귀히 여겨야 하거늘　丈夫貴大節

평생토록 알기 어렵네.　　　　　　平生知者難

아아, 그대 세상 사람들이여　　　　嗟爾世上人

부디 높은 벼슬일랑 사랑하지 말게나.　慎勿愛高官

제3장 인생관과 출처관

1. 「산가서」에 보이는 인생관

길재는 많은 글을 남기지 않았다. 현재 문집에 수록된 것으로 보자면 13수의 시와 11개의 문장이 고작이다. 그것도 3편의 문장은 위작으로 의심받고 있으며, 나머지 글들도 「산가서山家序」와 「후산가서後山家序」를 제외하면 한 단락을 넘지 않는 짤막한 편지나 고인을 애도하는 글이다. 따라서 길재의 살아 있는 생생한 목소리를 들을 수 있는 산문은 사실상 「산가서」와 「후산가서」뿐이다. 이런 점에서 두 작품은 길재의 삶과 사상을 이해하는 데 매우 중요한 자료가 아닐 수 없다. 이 가운데 「산가서」가 길재의 출처관, 나아가 인생관이 녹아 있는 글이라면, 「후산가서」는 그가 은거 생활을 하게 된 계기를 엿볼 수 있는 글이다.

먼저 「산가서」를 통해서 길재의 인생관을 살펴보도록 하자. 다음은 첫 구절이다.

> 어려서 배우고 어른이 되어 그 배움을 실천하는 것은 옛사람의 도이다. 이런 까닭에 옛날이나 지금이나 배우지 않는 사람이 없다. 속세를 떠나 고고하게 살면서 몸을 깨끗이 하고 인륜을 저버리는 것이 어찌 군자가 하고자 하는 일이겠는가.

길재는 스스로 가난한 집안에 태어났다고 했으나, 증조부는 성균관 생원, 조부는 산원국정散員國正, 아버지는 정중대부正中大夫 금주지사錦州知事였으며 어머니는 토산兎山의 사족士族 집안의 딸이었다. 이는 길재가 명문가에서 태어난 것은 아니지만 적어도 공부를 할 수 있고 과거시험을 통해 관직에 진출할 수 있는 신분이었음을 의미한다.

길재는 기본적으로 자신을 옛사람의 도를 따르는 사람으로 규정했다. 여기서 옛사람의 도란, 어려서 배우고 자라서 배운 것을 실천하는, 이른바 수기·치인의 삶을 말하는 것으로 한마디로 유교 지식인의 삶이라고 할 수 있다. 이런 관점에서 보자면 속세를 떠나 고고하게 사는 것은 세속의 더러움에 물들지 않는 깨끗한 삶일지언정 가족과 사회의 책무를 저버린 도피적인 삶이라는 한계가 있다. 그래서 길재는 사회적 책임을 저버리고 은둔의 삶을 추구하는 것은 군자의 삶이 아니라고 단언하였다. 이처럼 길재는 수기·치인이라는 유가 지식인의 전형적인 삶의 방식을 자신이 따라야 할 삶의 방식으로 설정하였다.

길재는 이어서 다음과 말한다.

> 그러나 세상에 이미 사람이 있으면 안자顏子와 같이 누추한 곳에 살면서도 스스로 즐거워하는 사람이 있고 혹 때가 맞지 않아서 강태공姜太公처럼 바닷가에서 숨어 사는 사람도 있다. 그러므로 고기를 잡고 밭을 가는 것을 어찌 나무랄 수 있겠는가.

길재는 안자와 강태공을 예로 들면서 수기·치인의 삶과 다른 방식의 삶, 즉 누추한 곳에서 가난하게 살거나 물가에서 낚시를 하며 사는 것도 그 나름의 가치가 있다고 여겼다. 강태공은 은나라 주왕紂王이 폭정을 하자 강가에서 낚시를 하며 오랫동안 은둔 생활을 했던 인물이다. 그는 훗날 문왕을 만나 발탁되었고, 결국 문왕과 무왕을 도와 주나라가 천하를 통일하는 데 큰 공을 세웠다.

안자 즉 안회는 공자의 제자이다. 공자는 안회가 죽었을 때 "하늘이 나를 버리는구나!" 하면서 통곡했을 만큼 그를 아꼈다. 많은 제자들 중에서 안회가 자신의 도를 가장 잘 이해하고 실천하는 사람이라고 여겼기 때문이다. 공자는 언젠가 그에 대해 "한

그릇의 밥을 먹고 한 표주박의 물을 마시며 누추한 곳에 살게 되면 사람들은 보통 그 근심을 견디지 못하는데, 안회는 그 즐거움을 잃지 않는다"라고 칭찬한 적이 있다. 안회는 가난했지만 즐거움이 있었다. 그리고 그러한 삶의 태도를 공자는 매우 높게 평가했다.

공자가 칭찬한 안회의 즐거움이란 과연 무엇일까? 이것이 송나라 성리학자들의 중요한 화두였다. 안회는 가난에도 불구하고 즐거움을 잃지 않았다. 하지만 그가 가난 자체를 즐긴 것은 아니다. 가난은 마음 밖에 있는 외물外物이다. 가난이 장애가 될 수 없는 삶의 즐거움, 그것은 외물에 구애되지 않는 마음의 즐거움이 아닐 수 없다. 그렇다면 마음의 즐거움은 어디서 오는 것일까? 그것은 바로 도를 따르는 삶에서 온다. 한마디로 가난을 편안하게 받아들이고 도를 즐기는 삶, 즉 안빈낙도安貧樂道의 삶이다.

공자의 즐거움도 마찬가지이다. 그는 "거친 밥을 먹고 물을 마시며 팔베개 하고 누웠더라도 즐거움이 또한 그 가운데 있으니, 의롭지 않으면서 부귀한 것은 나에게 뜬구름과 같다"라고 하였다. 공자는 물질적 즐거움보다는 의義의 가치를 더 중요하게 여겼다. 올바름이라는 사회적 가치를 따르는 데서 오는 정신적인 만족감, 그것이 바로 공자와 안회의 즐거움이다.

길재는 이어서 산속에 은거해 사는 삶의 구체적인 모습을 다음과 같이 묘사했다.

내가 지정至正 연간(1341~1367)에 이곳에 집을 짓고 지낸 지 이제 십여 년이 되었다. 속세의 손님은 오지 않고 세상의 소식도 들리지 않으니, 나와 벗하는 사람은 산승이고 나를 알아주는 것은 물새뿐이다. 명예와 이익에서 오는 영광과 수고로움을 잊어버리고, 고을의 태수太守는 있어도 그만 없어도 그만이다. 피곤해지면 낮잠 자고 즐거우면 시를 읊으면서, 해와 달이 오가고 시냇물이 쉼 없이 흘러가는 것만 볼 따름이다. 벗이 찾아오면 먼지 낀 자리를 쓸고 맞이하며, 보통 사람이 문을 두드리면 마루에서 내려가 맞이하니, 화합하면서도 흐트러지지 않는 기상을 볼 수 있다.

둘러보면, 여러 산들이 빽빽하게 늘어서 있고 뭇 봉우리들이 우뚝하다. 돌과 바위는 기괴하고 새와 짐승은 특이하다. 솔밭에서 바람이 불어오고 덩굴 사이로 달이 보인다. 학이 울고 잔나비가 운다. 산이 차가워지면 가을이 오고, 달빛이 비치면 저녁이 된다. 이럴 때면 상쾌한 마음으로 저 거룩한 우임금이 높은 산과 큰 강을 기준으로 구주九州의 경계를 나눈 공로를 생각한다. 바람이 불지 않고 파도조차 일지 않아 강은 아득하고 넓디넓은데, 흰 갈매기들과 싱싱한 물고기들이 유유히 지나가고 장삿배들이 서로 바라보며 어부의 노래로 화답한다. 이럴 때면 고개를 들어 시를 읊고, 저 거룩한 우임금이 홍수를 다스린 공로를 생각한다.

맑은 샘물은 출렁출렁 갈증을 풀 만하고 넘실넘실 갓끈을 씻을 만하니, 빚은 술이 있으면 걸러 오고 없으면 사 와서 홀로 마신다. 스스로 노래하고 춤을 추면 산새들이 내 노래의 벗이고 처마 밑 제비들이 내 춤의 짝이다. 높은 곳에 올라 멀리 바라보며 공자가 태산에 올랐을 때 가졌던 기상을 생각하고, 냇가에 이르러 시를 읊으며 공자가 강가에서 탄식한 것을 배운다.

사나운 바람이 일지 않으면 단칸방도 편안하고, 밝은 달이 뜰에 내리면 천천히 혼자 거닌다. 주룩주룩 비가 내리면 베개를 높이 베고 꿈을 꾸기도 하고, 산골짜기에 펄펄 눈이 날리면 차를 끓여 혼자 마시기도 한다.

화창한 봄날 뭇 새들이 서로 화답하여 지저귈 때면 우거진 풀숲에서 천천히 나물을 캔다. 버드나무 꽃이 솜털같이 날리고 복숭아꽃, 살구꽃이 피면 친구 한둘 데리고서 기수沂水에서 목욕하고 무우舞雩에 올라 바람을 쐰다. 이따금 매와 개를 데리고 흰말을 타고 활을 쏘며 사냥하고, 때로는 술과 좋은 안주 마련하여 지팡이를 짚고 꽃밭과 대나무 숲을 찾기도 한다.

다시 여름날의 무더위가 괴로울 때면 높은 돛을 단 배를 타고 강과 호수에 찾아들고, 저녁 어스름에 서늘해지고 성긴 빗발이 흩뿌리면 쟁기 끌고 호미 메고 전원으로 돌아간다.

가을 들어 장마 그치고 무더위 풀릴 즈음 온갖 곡식이 영글고 물고기가 살찌면 고깃배에 기대앉아 낚싯줄 드리운 채 물결 따라 내려가기도 하고 거슬러 올라오기도 한다. 갈대꽃은 쓸쓸히 흔들리고, 줄풀에 부는 바람이 살랑인다. 안개비는 오락가락하고 구름 비친 물은 드넓다. 호탕한 만 리 길, 그 누가 막을 수 있으랴.

또 눈보라가 창을 때리고 겨울의 찬 기운이 매서워지면 화로를 끼고 술 항아리를 열기도 하고, 때로는 책을 펴고 마음을 닦기도 한다. 끝없는 천지에 홀로 우뚝하여 조용히 스스로 즐기는 것이 어찌 은자가 즐기는 바가 아니겠는가.

여기에 그려진 삶은 기본적으로 은둔한 사람, 즉 은자의 삶이다. 은자는 산속 깊은 데에 살고 있어 세속의 사람들이 오지 않고, 세상 소식도 모른 채 살아간다. 주위엔 온통 산과 강, 그리고 곡식을 가꿀 만한 약간의 밭이 전부이다. 어쩌다 친구가 찾아오긴 하지만, 평소에 함께 하는 벗은 새, 짐승, 물고기일 뿐이다.

세상의 명예와 이익 따위는 더 이상 은자의 관심사가 아니다. 은자는 그저 밭에 나가 쟁기 끌고 호미질 하며, 가끔은 강에서 낚시질을 하기도 하고 숲에서 나물을 캐기도 한다. 담은 술이 있으면 걸러 마시고 없으면 사 와서 마신다. 한 잔 술에 흥겨워지면 노래 부르고 춤을 추기도 한다. 밝은 달이 뜰에 내리면 천천히 혼자 거닐기도 하고, 산골짜기에 펄펄 눈이 날리면 차를 끓여 혼자 마시기도 한다.

그래도 길재는 세상일을 아주 잊지 않았다. 그는 우임금이 높은 산과 큰 강을 기준으로 구주의 경계를 나눈 공을 생각하기도 했고 우임금이 홍수를 다스린 공을 생각하기도 했다. 우임금은 구주의 경계를 정하고 홍수를 다스리는 등 이 세상을 사람이 살 만한 곳으로 만드는 데 큰 공을 세웠다. 치수사업을 하는 13년 동안 집 앞을 세 번 지나면서 한 번도 들르지 않았다는 우임금의 헌신이 아니었다면, 중원의 땅은 가시덤불로 뒤덮인 폐허가 되어 사람이 살기에 적합하지 않았을 지도 모른다.

그는 공자를 생각하기도 한다. 『맹자』는 공자의 기상에 대해 "공자께서 노나라 동산에 올라가서는 노나라를 작게 여기셨고, 태산에 올라가서는 천하를 작게 여기셨다"라고 하였다. 공자는 태산에 올라 발아래 펼쳐져 있는 천하를 굽어보며 천하가 참으로 작다고 여겼다. 천하를 오히려 작다고 여길 만큼 공자의 기상이 드높았던 순간이다. 천하를 작게 여긴다는 것은 부, 명예, 권력과 같은 온갖 세속적인 가치를 가볍게 보았다는 뜻이기도 하다.

언젠가 공자는 쉼 없이 흘러가는 냇물을 보고 말하길, "가는 것이 이 물과 같구나. 밤낮을 그치지 않는구나" 하였다. 흘러가는 것이 어찌 물뿐이겠는가. 천지자연의 조화는 한순간도 멈춘 적이 없다. 해가 뜨면 달이 지고, 달이 지면 다시 해가 뜬다. 봄이 가면 여름, 가을, 겨울이 차례로 오고, 겨울이 가면 또다시 봄이 온다. 시간은 그렇게 흘러간다. 그 시간의 흐름 속에 온갖 존재들은 생성과 소멸의 과정을 반복한다. 공자가 냇물의 흐름에서 본 것은 천지의 운행이었고 자연의 이치였다. 그것이 바로 도道이다. 여기서 길재가 공자를 떠올린 것은 자연의 쉼 없는 운행과 그 운행으로 표현되는 천리天理를 보았기 때문이다.

은자가 세상일을 다 잊었다고 하면서도 우임금과 공자를 떠올리는 것은 역설적이게도 그가 세상을 완전히 잊지 못했음을 암시한다. 비록 세속과 세속의 가치를 등진 채 살고 있지만, 그는 여전히 성인을 잊지 않았고 성인이 가르친 인간의 도를 잊지 않았다. 그래서 그가 말하는 은자는 인간의 길을 포기한 진정한 은자, 즉 산새들과 함께 사는 진정한 자연인이 아니다.

실제로 길재가 은자의 모델로 제시한 강태공과 안회 역시 진정한 자연인과는 거리가 멀다. 강태공은 세상과 완전히 격리된 진정한 자연인이 아니었다. 강태공의 은거 생활은 이 세상에서 자신의 꿈을 펼칠 수 있는 기회를 기다리며 인내하는 삶이었다. 안회의 삶 역시 은둔과는 거리가 멀다. 안회의 삶은 한마디로 안빈낙도의 삶이다. 도 자체를 즐기는 삶이 안회의 삶이었다. 결국 「산가서」에 보이는 은자의 삶은 은둔 자체가 목적이라고 할 수 없다. 그 은자는 이 세상에 도가 실현되지 않고 있기 때문에 잠시 벗어나 있을 뿐, 부모와 임금 그리고 백성을 완전히 등지지 않았다.

길재가 말하는 은거의 삶은 공자의 제자 증점曾點의 삶이기도 하다. 증점은 하고 싶은 일이 무엇이냐고 묻는 공자에게 "늦은 봄날 봄옷이 마련되면 젊은 청년 대여섯 명, 어린아이 예닐곱 명과 함께 기수沂水에서 목욕하고 무우舞雩에서 바람 쐬고 노래를 부르면서 돌아오겠습니다"라고 대답하였다. 냇물에서 목욕하고 언덕에 올라 바람 쐬며 노래를 부르는 삶을 개인의 사적인 욕망을 추구하는 세속적인 삶으로 이해해서는 안 된다. 공자도 인정한 증점의 삶은 자신이 처한 위치에서 그 일상의 떳떳함을 즐기는 삶이다. 그것은 사적인 욕망이 사라지고 내면의 덕성이 밖으로 자연스럽게 표출될 때 가능하다. 나의 사적인 욕망이 사라지면 나와 너의 구분은 더 이상 의미가 없다. 너와 나의 경계가 무너질 때, 나는 그저 나의 위치에서 내가 좋아하는 것을 하면 된다. 그것이 곧 도와 일치된 삶이다.

길재는 위 인용문에 이어 다음과 같이 말한다.

> 그러나 즐기는 것이 어찌 여기에만 있겠는가. 그 속의 즐거움이란 아주 미미한 것이다.

자연과 더불어 사는 은자가 느끼는 즐거움은 아주 미미하다. 자연 속에 살면서 느끼는 즐거움보다 더 큰 즐거움이 있다. 길재의 즐거움은 다른 곳에 있다는 의미이다.

어느 나그네가 와서 내게 이르기를, "이제 내가 여기에 와 보니 이곳의 기상이 천만 가지인데, 그대는 이곳에서 세상일을 멀리한다. 또 이제 한결같이 외물을 따르고 마음 가는 대로 생활하면서, 나가서는 강에서 낚시질 하고 산언덕의 밭을 갈아 어버이를 봉양하며 들어와서는 글을 강론하고 도를 즐기면서 옛사람과 벗하니, 참으로 근심이 없는 사람이다"라고 하였다.

나그네의 눈에 비친 은자의 삶은 한마디로 외물을 따르고 마음 가는 대로 생활하는 삶이다. 외물, 즉 바깥 사물을 따른다는 것은 자연을 따르고 자연과 함께한다는 뜻이고, 마음 가는 대로 생활하는 삶이란 유교적 규율에 구속되지 않는다는 것을 의미한다. 그럼에도 불구하고 그 은자는 밭을 갈아 어버이를 봉양하고, 글을 읽고 도를 즐기며 옛사람과 벗하는 삶을 살고 있다. 그는 여전히 유교적 가치 안에 머물러 있다. 그런데 나그네는 이 은자를 참으로 근심이 없는 사람으로 보았다. 참으로 근심이 없다는 것은 세상일을 잊고 산다는 것이고, 그것은 현실정치에 무관심하다는 뜻이다.

나그네가 파악한 이 은자의 삶은 자연 속에서 유유자적하는 삶이면서 동시에 부모를 봉양하고 글을 읽고 도를 즐기는 유교적 가치에 충실한 삶이다. 다만 현실정치에서 물러나 있고, 그래서 임금을 잊고 백성을 잊었을 뿐이다. 이에 대해 은자는 다음과 같이 답한다.

> 나는 그에게 대답하길, "어찌 걱정이 없으리오. 조정에 높이
> 있으면 백성을 근심하고 강가에 멀리 물러나 있으면 임금을
> 근심하니, 나는 백성도 근심하고 임금도 근심한다오" 하였다.

은자는 강가에 물러나 있지만 임금을 근심하고 백성을 근심한다고 말한다. 자신은 비록 때를 만나지 못해 조정을 떠나 있지만 늘 임금과 백성을 걱정한다는 것이다. 길재는 은자의 삶이 갖는 긍정성에 대해 말하면서도, 그 은자를 임금과 백성을 근심하는 사람으로 그리고 있다. 임금과 백성을 근심하는 은자는 단순히 은둔해 있는 사람이 아니다. 그는 비록 몸은 산속에 있고 이성으로는 세상을 잊어버리고자 하지만, 가슴에는 여전히 세상에 대한 따스한 감성이 꺼지지 않고 있는 사람이다. 자연에 은거해 있으면서도 유교적 가치를 잃지 않은 사람을 은사隱士라고 한다. 길재는 몸은 자연으로 물러나 있되 유교적 가치를 잃지 않은 은사였다.

여기서 다시 반전이 일어난다. 길재는 임금과 백성을 근심한다고 했다가 금방 근심하지 않는다고 말을 바꾸었다.

> 이윽고 스스로 반성하고 말하길 "천명을 깨닫고 즐거운 마음

으로 순응하거늘 내가 무엇을 근심하리오" 하였더니, 그 나그
네는 할 말을 잊고 물러갔다.

　그러나 길재는 정말 이 세상에 대한 관심을 접었을까? "천명
을 깨닫고 즐거운 마음으로 순응하거늘 내가 무엇을 근심하리
오"라는 말을 현실에 관심이 없다는 뜻으로 받아들이는 것은 적
절하지 않다. 임금을 보필하고 백성들을 양육해야 할 책무를 지
닌 선비가 이에 대한 관심이 없다면 더 이상 선비가 아니다. 실제
로 이 은자는 초연하게 살면서도 임금을 걱정하고 백성을 걱정했
다. 왕의 폐위와 즉위가 반복되고 왕조가 교체되는 상황에서 그
근심의 정도는 더 클 수밖에 없다.
　그렇다면 "무엇을 근심하리오"라는 말은 무슨 뜻일까? 길재
는 고려의 신하였고, 신하로서 절의를 지키기 위해 사직을 하고
새 왕조의 유혹도 뿌리쳤다. 이 일관성은 현실에 대한 관심과 현
실에 대한 뚜렷한 신념이 없이는 불가능하다. 그렇다면 이 세상
을 근심하지 않는다는 말은 다른 뜻으로 이해해야 마땅하다.
　김충열金忠烈 교수는 「산가서」의 이 대목에 대해서 다음과
같이 평하였다.

　길재의 은둔 생활은 겉보기에는 자연에서 소요하는 것처럼 보
이나, 속으로 선비의 비절悲切한 입세의지入世意志(세상에 나가

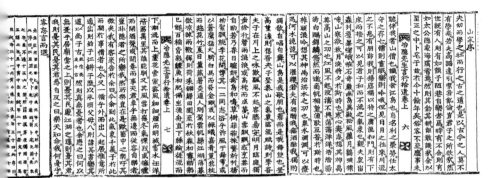

「산가서」 원문

고자 하는 의지)와의 갈등이 여전히 남아 있음을 알 수 있다. 따라서 그는 진정한 낙천적 처세관을 가졌던 것이 아니라 부득이해서 독선기신獨善其身(홀로 선을 지킴)하는, 이를테면 "선비는 구학溝壑에 처해서도 세상의 도를 잊지 않는다"라는 맹자의 교훈을 저버리지 못한 비천적悲天的 처세관을 가졌다고 보아야 할 것이다.

길재는 왕의 교체, 나아가 왕조의 교체가 자신의 힘으로는 거스를 수 없는 거대한 역사의 흐름이라는 것을 깨달았다. 나의 힘으로 안 되는 것, 그것을 명命이라고 한다. 그 명은 어디서 오는가? 하늘에서 온다. 그래서 천명이다. 그 천명은 거역할 수 없다. 그래서 운명이다. 거스를 수 없는 역사의 흐름 앞에서, 길재는 그것을 천명으로 받아들인 것이다. 그러나 그는 그 거대한 흐름을 따라 부침하면서 사적인 이익을 얻는 길을 택하지 않았다. 그는 오히려 그 흐름에 타길 거부하고 은둔의 길을 선택했다. 비천적 처세관이라고 할 만하다.

2. 「후산가서」에 보이는 출처관

　　길재는 「후산가서」 첫머리에서 어떤 사람은 귀하게 되고 어
떤 사람은 천하게 되는지를 묻는다. 하늘은 선한 존재이고 공정
한 존재이므로 누구에게나 똑같이 후한 은혜를 베풀어야 마땅하
다. 그러나 어느 시대, 어느 사회에나 귀한 사람이 있는가 하면
천한 사람이 있기 마련이다. 도대체 이와 같은 사회적 불평등은
왜 생기는 것일까? 이것이 길재가 던진 질문이었다.

　　하늘이 백성을 낼 때 후하게 하지 않음이 없는데, 어떤 사람은
　　군자로서 귀하게 되고 어떤 사람은 소인으로서 천하게 된다.
　　그 까닭은 무엇인가?

이 질문에 대한 길재의 일차적인 답변은 질문의 심각성에 비하면 다소 싱겁다. 길재는 귀한 집안에서 태어난 사람이 귀하게 되고 천한 집안의 사람이 천하게 되는 것은 이치가 본래 그런 것이기 때문에 이상할 것이 없다고 보았다. 다만 길재가 이해할 수 없었던 것은, 귀하게 태어났음에도 천해지거나 반대로 천하게 태어났음에도 귀해지는 경우가 있다는 것이었다. 물론 이것에 대해서도 길재는 명命이 그렇기 때문이라는 숙명론적이고 운명론적인 답변을 내놓는다.

> 귀한 사람이 귀하게 되고 천한 사람이 천하게 되는 것은 이치
> 가 본래 그런 것이지만, 혹 귀한 사람이 천해지고 천한 사람이
> 귀해지는 것은 명命이 그렇기 때문이다.

『논어』에 "도가 장차 실현되는 것도 명命이고 도가 장차 소멸되는 것도 명이다"라는 말이 나온다. 또 "군자가 명을 알지 못하면 군자가 될 수 없다"라는 말도 나온다. 여기서 명은 기본적으로 천명 즉 하늘의 명령이라는 뜻이다. 이 세상에 도가 실현되는 것도 소멸되는 것도 모두 하늘의 뜻이라고 받아들이는 것은 대단히 숙명론적이고 운명론적인 태도이다.

고대 동양인들은 인간의 노력을 통해서 더 나은 세상을 만드는 것이 가능하다고 생각했지만, 현실적으로 인간의 주체적인 노

력만으로 안 되는 경우가 있다는 것도 잘 알고 있었다. 그래서 어떤 이유에서든 인간의 노력으로 안 된다고 판단될 때, 그것을 하늘의 명령으로 받아들이는 지혜를 발휘하기도 했다. 그것은 일종의 숙명론적이고 패배주의적인 발상이기도 하지만, 불가항력의 힘 앞에서 인간의 미약함을 솔직하게 인정하고 받아들이는 겸허함이기도 하다.

길재는 이어서 귀족의 자식으로 태어난 사람들이 태어나면서부터 갖는 사회적 특혜에 대해 구체적인 사례를 들어 이야기한다.

> 옛날부터 공경公卿의 자식은 부귀한 집에서 나고 자라므로, 수레와 말이 걷고 달리는 어려움을 대신해 주고 하인들이 손과 발의 노동을 면해 주기에 족하며 온갖 맛있는 음식을 먹고 추위와 더위에 따라 알맞은 옷을 입는다. 태어나면 임금이 그를 알고 자라면 임금이 그를 임명하여, 바라지 않아도 후한 봉록이 이르고 저절로 귀한 벼슬이 주어진다. 그를 알아주는 것이 이와 같이 쉽고, 그를 귀하게 함이 이와 같이 풍족하다.

길재는 귀족이나 명문 집안의 자식들이 태어나는 순간부터 누려 왔던 사회적 특권이 어떤 것인지 잘 알고 있었다. 그들이 누리는 특권은 어디서 오는 것일까? 왜 그들은 특권을 가지고 태어나는 것일까? 이 질문에 대해 길재는 엄밀한 사회적 분석이나 역사적 통찰을 하지 않고, 다만 "이는 다름 아니라 그의 선조들이 쌓아 온 공로와 미리 기른 은혜 때문이다"라고 말했을 뿐이다. 요즘 말로 하면 부모 잘 만나서, 조상 잘 만나서 특혜를 누리는 것이라는 답변이다.

길재는 그와 같은 사회적 메커니즘을 눈에 보이는 대로 기술했을 뿐, 그러한 메커니즘을 만들어 내는 근본 원인에 대한 성찰로까지는 나아가지 않았다. 그런 메커니즘에 대한 문제의식도 그다지 느끼지 않았으며, 따라서 그 메커니즘을 바꾸어야 한다는 생각도 하지 않았다. 그는 애초부터 혁명과는 거리가 있는 사람이었다.

길재는 이어서 서민의 삶에 대해서 이야기한다.

서민의 자식은 초야에서 나고 자라 알몸과 맨발로 사는 사람이다. 옷은 몸을 가리기에도 부족하고 음식은 몸을 유지하기에도 부족하여, 추위에 떨고 굶주려 죽기까지 한다. 정신을 발휘하고 심성을 갈고 닦는 노력을 다해서 그의 업적이 뚜렷이 드러난 후에야 관리가 그를 알게 되고, 관리가 그를 알게 된 후에야 조정이 그의 소문을 듣게 되며, 조정이 그의 소문을 듣게 된 후에야 임금이 그를 등용하게 되니, 그의 알려짐이 이와 같이 어렵고 그의 영달이 이와 같이 더딘 것이다.

옛날이나 지금이나 서민의 자식은 태어나면서부터 고달픈 삶을 살아야 한다. 길재는 이에 대해 "옷은 몸을 가리기에도 부족하고 음식은 몸을 보존하기에도 부족하여, 추위에 떨고 굶주려 죽기까지 한다"라고 하였다. 이 사람들이 영달하기 위해서는 피나는 노력을 하지 않으면 안 된다. 인격 함양과 학업에 정진해서 그 성과가 드러나야 지역사회에 이름이 알려지고, 그 후에 비로소 조정과 임금에게 알려질 수 있다. 고관대작의 자식은 태어나는 순간 임금에게 알려지는 데 반하여 서민의 자식이 임금에게 알려지기까지는 엄청난 노력과 기나긴 시간이 필요한 것이다.

왜 그럴까? 이에 대해 길재는 다음과 같이 답한다.

이는 다름 아니라 조상들이 쌓아놓은 공적이 없고 미리 길러놓은 은혜가 없어 그 스스로 공적을 쌓아야 하기 때문이다.

가난한 집안의 자식들은 조상들이 쌓아놓은 공적이 없어 그 혜택을 누릴 수 없다는 것이다. 요즘 말로 하자면 부모에게 물려받은 재산이 없는 사람은 자수성가할 수밖에 없다는 뜻인데, 그런 사람들은 자기 스스로 난관을 극복하고 성과를 이루어야 하기 때문에 그 과정이 고되고 더딜 수밖에 없다. 위 글에 이어 길재는 자신의 어린 시절에 대해서 다음과 같이 기술하고 있다.

더구나 못난 나는 농촌에서 나고 자라 더할 나위 없이 미천하여, 겨우 여덟아홉 살에 나무하고 양을 쳤으며 나이가 들어서는 낮에는 밭을 갈고 밤에는 글을 읽었다. 어렵게 공부한 10년 동안 추운 옷을 입고 거친 음식을 먹었으나 의연했고, 밭을 갈고 김매는 일로 몸이 젖고 발이 더러워져도 역시 의연했다. 다만 힘을 다해 밭을 갈고 마음을 다해 학문을 닦으며 아래로는 어비이를 봉양하고 위로는 임금을 섬기되, 봉양하길 어버이가 기뻐할 때까지 하고 모시길 임금이 요·순과 같은 성군이 되게 하여, 백성들을 요·순의 나라에 살게 하고 세상을 하·은·주 삼대처럼 태평성대로 만드는 것이 평소 나의 뜻이었다.

길재가 농사를 지으며 공부를 하는 고된 생활을 10년 동안 감내했던 것은 부모를 봉양하고 임금을 섬기기 위해서였다. 가난한 집안의 아들로 태어난 길재가 부모를 편안하게 모시기 위해서는 입신출세 즉 고위관직에 올라 임금을 보필하는 자리에까지 올라가야 한다. 길재가 온갖 고생을 마다하지 않고 학문에 매진했던 데에는 이와 같은 직접적인 이유가 있었다. 그러나 길재의 꿈은 단순히 개인의 출세와 가족의 부양에만 있지 않았다. 그의 꿈은 더 크고 원대했다. 그것은 임금을 요순과 같은 성군으로 만들고 이 세상을 요순시대 같은 태평성대로 만들어, 이 나라 백성들로 하여금 행복하게 살도록 하는 것이었다.

만약 길재의 꿈이 단순히 출세를 하여 잘 먹고 잘사는 것이었다면 고려 말에 벼슬을 그만둘 이유가 없었고 조선 초에 벼슬을 마다할 이유가 없었다. 그의 삶의 목표는 현실에서 물질적 이익을 얻는 것보다 더 소중한, 정신적 가치를 추구하는 데 있었다. 임금을 성군으로 만들고 백성을 태평성대에 살게 하는 것이 바로 그것이다. 그가 과감하게 현실의 이익을 포기하고 은거했던 것은 이러한 목표의 성취가 불가능해졌기 때문이다.

고려 말의 정치 상황은 시골 청년 길재의 꿈을 이루기에는 너무도 혼란스러웠다. 이에 대해 그는 다음과 같이 기술하였다.

> 이제 와서 불행하게도 하늘의 변고를 만나 십 년 공부가 사라지고 말았다. 아! 하늘이 하는 일이니 무엇이라 말하랴. 이에 방황하고 탄식하다 훌쩍 마음을 돌려 스스로 자취를 감추고, 달 아래 관을 벗어 걸고 맑은 바람에 시를 읊으며 하늘과 땅 사이에서 우러러보고 굽어보며 세상 밖을 소요하면서, 그 시대의 책임을 떠맡지 않고 하늘이 주신 나의 올바른 본성을 길이 보존한다면 과연 은하수를 넘어 우주 밖으로 나갈 수 있을 것이다. 어찌 천 필의 말, 만 섬의 쌀과 같은 부귀를 부러워하랴.

길재는 혁명가가 아니었다. 그는 사회의 모순을 인식하고 그 모순을 만들어 내는 사회구조를 파악하여 그것을 바꾸는 데는 큰 관심이 없었다. 그의 일차적인 관심사는 과거에 합격하여 관직에 나아가는 것이었고, 더 근본적으로는 임금을 성인으로 만들어 백성들에게 태평성대를 누리게 하는 것이었다. 임금을 성인 군주로 만들고 이를 통해 태평성대를 만들겠다는 것은 도덕적인 교화를 통해 점진적인 개혁을 해 나가겠다는 것으로, 유교적 도덕주의 정치론이라고 할 수 있다.

그는 사회적 부귀의 세습을 당연한 것으로 인정했다. 그는 동시에 부귀하게 태어난 사람이 천해지거나 천하게 태어난 사람이 부귀해지는 것에 대해서도 운명이라고 해석했다. 사회문제를 일종의 운명론적 관점으로 접근하는 것처럼 보이기도 하지만, 이를 단순히 운명론으로 해석하는 것도 적절하지 않다. 왜냐하면 이는 부귀가 세습되는 것은 당연하지만 동시에 개인의 능력과 노력 여부에 따라 사회 이동이 가능하다는 의미이기도 하기 때문이다.

가난한 집안에 태어난 길재는 온갖 노력을 기울여 과거에 합격하고 관직 생활을 시작했다. 그러나 고려 말의 정치 상황은 길재가 구상했던 정치적 과정을 불가능하게 했다. 자신이 임금으로 섬겼던 우왕이 폐위되고, 이어서 창왕이 폐위되었다. 이로써 그의 정치적 꿈은 좌절되었다. 이때 길재가 선택한 것은 벼슬을 버리고 낙향하는 것이었다. 이것은 일종의 소극적인 저항이다.

김충열 교수는 「산가서」에 보이는 길재의 삶의 태도에 대해 다음과 같이 평하였다.

> 많은 독서인들이 젊어서는 적극적으로 입세간적入世間的이다
> 가 나이 들고 모든 것이 뜻대로 안되면 으레 은둔의 길을 찾아
> 든다. 길재도 순국을 결심하지 않았던 것은 아니나 백이·숙
> 제처럼 세상 밖에 살다 갈 것을 생각한 것이다. 그 세상 밖의
> 청고淸高한 삶이 어찌 세상 속의 부귀를 부러워하랴 하는 말
> 속에서 순세적順世的 운명관이 고세적高世的 낙천주의로 승화
> 했음을 알 수 있다.

수기修己와 치인治人은 유학자가 살아가는 두 가지 삶의 방식
이다. 더 정확하게 말하자면, 수기를 바탕으로 치국·평천하를
하는 것이 유학자들의 이상적인 삶이라고 할 수 있다. 열심히 공
부하고 인격을 함양하는 것도 중요하지만, 이 세상을 위해 그 훌
륭한 인격과 뛰어난 학문을 활용할 때 더 의미가 있다는 것이 유
학자들의 일반적인 생각이었다.

그러나 뛰어난 학문과 훌륭한 인격을 갖추었다고 해서 꼭 치
인 즉 정치의 길이 열리는 것은 아니다. 자신의 노력만으로도 가
능할 수 있는 수기와 달리 정치는 사회 특히 국가라는 틀 속에서
만 가능하다. 정치는 주관적인 의지만의 문제가 아니라 사회적
인 여건과 밀접하게 연계되어 있다. 여기에서 현실정치의 세계

「후산가서」 원문

에 나가느냐 나가지 않느냐 하는 출처出處의 문제, 또는 나아가느냐 물러나느냐 하는 진퇴進退의 문제가 발생한다.

『논어』「태백泰伯」에는 다음과 같은 말이 나온다.

위태로운 나라에는 들어가지 않고 어지러운 나라에는 살지 않는다. 세상에 도가 있으면 나아가 벼슬하고 도가 없으면 은둔한다.

벼슬길에 나아가 나라와 백성들을 위해 정치를 하는 것이 유학자들의 궁극적인 이상이지만, 그 이상이 현실화되기 위해서는

114

그 이상을 실현하기 위한 객관적인 조건이 충족되어야 한다. 이와 같은 조건이 충족되지 않았을 때 정치의 세계에 나아가지 않는 것이 선비의 바람직한 선택이다. 길재는 당시 정치적 상황이 벼슬할 때가 아니라 물러나야 할 때라고 판단했다. 그리고 그는 당당하게 "하늘과 땅 사이에서 우러러보고 굽어보고 세상 밖을 소요하면서 그 시대의 책임을 떠맡지 않고 하늘이 주신 나의 올바른 본성을 길이 보존한다면, 과연 은하수를 넘어 우주 밖으로 나갈 수 있을 것이다. 어찌 천 필의 말, 만 섬의 쌀과 같은 부귀를 부러워하랴"라고 선언했다.

제4장 **길재의 시 세계**

懷古歌
오백년 도읍지를 필마(匹馬)로 돌아드니
산천은 의구(依舊)하되 인걸(人傑)은 간 데 없다
어즈버 태평연월(太平烟月)이 꿈이런가 하노라
吉再 再 古 (1353~1419)

1. 소박한 자연주의와 안빈낙도의 삶

1) 「우연히 읊다」

현재 남아 있는 길재의 시는 모두 13편이다. 이 13편의 시는 내용의 측면에서 크게 두 가지로 나누어진다. ① 자연에 은거해서 사는 삶의 즐거움을 노래한 시와 ② 현실에 대한 고뇌와 성찰을 표현한 시가 그것이다.

유교적 문인들이 대개 그렇듯이 길재에게서도 ①과 ②가 명확하게 구분되는 것은 아니다. 농촌에서 자라서 서울에서 공부하고 관직 생활을 하다 다시 고향으로 돌아가 생을 마감한 길재에게는 농촌과 도시, 자연세계와 현실정치의 세계가 밀접하게 연계되어 있다. 특히 그의 귀향과 은거가 지극히 현실참여적인 성격을 갖는다는 점에서 더욱 그러하다. 그의 은거는 고려왕조에 대한 절의 그리고 새 왕조에 대한 저항이라는 정치적 결단에서 출발하는 것이기 때문에 단순히 그의 개인적인 성향만으로 설명되지 않는다. 그럼에도 불구하고 '자연과 함께하는 삶의 즐거움'과 '현실에 대한 고뇌와 성찰', 이 두 가지 주제로 길재의 시 세계를 살펴보는 것도 길재의 시와 그것에 투영된 길재의 내면세계를 이해하는 데 도움이 될 것으로 보인다.

한시漢詩의 소재가 흔히 자연과 그 속에서 사는 인간의 삶이라는 점에서 자연과 함께 하는 삶의 즐거움을 노래한 시는 그다지 특이한 것이 아니다. 다만 그 자연과 그 속에서 사는 삶에 접근하는 태도는 그 사람의 인생관이나 품격에 따라 얼마든지 달라질 수 있다. 다음은 「우연히 읊다」(偶吟)라는 제목의 시 가운데 두 번째 시이다.

새벽녘 지는 달빛이 창 앞에 환히 밝고	五更殘月窓前白
십릿길 솔바람은 베개 위에 맑구나.	十里松風枕上淸
부귀하려 애를 쓰니 빈천이 괴롭나니	富貴多勞貧賤苦
숨어 사는 삶의 재미를 누구와 얘기하리오.	隱居滋味與誰評

이 시는 길재가 선산의 금오산 자락으로 낙향해서 지은 시로

보인다. 새벽녘에 우연히 잠을 깨니 창밖으로 달빛이 환하고, 멀리 소나무 숲에서 불어오는 시원한 바람이 베갯머리를 스쳐 간다. 산골 마을의 새벽, 있는 것이라곤 달·소나무·바람, 그리고 작은 방안에서 베개를 베고 누워 있는 길재 자신뿐이다. 부귀를 좇아 애를 쓰는 사람들은 산골 마을에서 홀로 사는 삶의 즐거움을 알지 못한다. 부귀를 좇을수록 현실의 삶은 고달프기 마련이다. 하지만 세속적인 욕망을 내려놓으면 빈천도 괴로움이 아니라 즐거움이 된다. 찾아오는 사람은 없지만 달과 소나무와 바람이 있어 외롭지 않은 삶, 아니 오히려 재미있는 삶을 이 시는 노래하고 있다.

2) 당시 두 편: 「강설」·「죽리관」

여기서 중국 당나라 때의 시인 유종원柳宗元의 시 한 편을 살펴보자. 유종원은 자연의 아름다움을 노래하는, 이른바 산수시를 잘 지은 사람으로 유명하다.

강설江雪

온 산엔 새 한 마리 날지 않고   千山鳥飛絶
길마다 사람 발자취 없는데,   萬徑人蹤滅
외로운 배엔 도롱이에 삿갓 쓴 늙은이   孤舟簑笠翁

눈 내리는 추운 강에서 홀로 낚시를 하네.　　　　　　獨釣寒江雪

　눈이 내리는 추운 겨울의 강마을, 산새도 날지 않고 오가는 사람도 없다. 한마디로 적막강산이다. 다만 도롱이를 두르고 삿갓을 쓴 늙은이가 작은 배를 타고 홀로 낚시를 하고 있을 뿐이다. 한 폭의 산수화를 연상시키는 이 작품은 속세를 초월해서 대자연 속에 묻혀 사는 은자隱者의 삶을 그려낸 것으로 읽는 것이 일반적이다.

　유종원은 헌종 즉위 후 왕숙문王叔文과 함께 한 개혁이 실패하자 후난성(湖南省)의 영주사마永州司馬로 좌천되었다. 이 시기에 「강설」이 탄생했다. 이와 같은 정치적 맥락을 고려하면, 이 작품에서 낚시하는 늙은이는 단순히 산이 좋고 물이 좋아 세상을 등진 채 자연과 더불어 살아가는 은자라기보다는 좌천의 울분을 삭이면서 정치적 재기를 노리는 노회한 정치가로 보는 것이 더 적절할 수 있다.

　이런 관점에서 보자면, 눈이나 추위 같은 외부의 악조건에 아랑곳하지 않고, 아니 그것에 저항하면서 묵묵히 낚싯줄을 드리우고 있는 늙은이의 모습을 발견하게 된다. 그리고 그 모습에서 자연과 하나가 되는 물아일치의 경지가 아니라, 정치적 좌절과 거기에서 오는 울분을 극복하려는 의지를 읽어 낼 수 있다. 그래서 이 시는 그다지 편하지 않다. 비장미가 느껴질지언정 길재가

명대 화가 오위吳偉의 「독조한강설도獨釣寒江雪圖」

말한, 숨어 사는 삶의 재미가 느껴지지 않기 때문이다. 몸은 세속
을 떠나 있으나 여전히 세속적인 의지가 느껴지는 데서 오는 것
이리라.

다음은 역시 당나라 때의 시인이자 화가였던 왕유王維의 시
한 편이다. 왕유는 자연을 소재로 한 서정시에 뛰어나 시불詩佛이
라고 불리며, 산수화에도 뛰어나 남종문인화의 창시자로 평가받
는다.

죽리관竹里館

나 홀로 그윽한 대숲에 앉아	獨坐幽篁裏
거문고를 타고 노래 부르네.	彈琴復長嘯
숲이 깊어 아는 사람 없고	深林人不知
밝은 달빛만 비추네.	明月來相照

달빛이 비추는 고요한 밤, 누군가 대나무 숲에 앉아 거문고를 타며 노래를 부르고 있다. 한밤중 깊은 숲이라 찾아오는 사람이 있을 리 없다. 손님이 있다면 오직 달빛뿐이다.

왕유는 고위관직을 지냈으면서도 안녹산의 난 때 체포되어 죽을 고비를 넘기는 등 정치적 굴곡이 있었다. 그 결과 점차 불교에 기울기 시작했고, 그의 시는 시선일치詩禪一致의 경지에 이르렀다는 평가를 받기도 한다. 「죽리관」 역시 속세를 떠나 자연에서 유유자적하는 삶의 경지를 잘 표현하고 있다. 「강설」에서처럼 자연과 대결하려는 의식과 이로 인한 비장미가 느껴지지도 않는다. 그런 점에서 위에 소개한 길재의 시와 통한다. 그러나 이 시는 길재의 시와 다른 점이 있다.

깊은 대숲에서 거문고를 뜯고 노래하는 것은 보통사람들의 일상적인 삶의 모습이 아니다. 이 시는 일상에서 떠나 일상과는 다른 삶의 방식을 추구하고 있다. 그런 점에서 이 시는 보통사람들의 일상과 단절적이다. 세속으로의 복귀가 원천적으로 막혀 있는 삶의 방식은 참선의 경지나 소요유의 경지일 수는 있어도 유가에서 추구하는 유교적 삶의 방식이 아니다.

3) 은자와 은사

길재는 「후산가서」에서 은거 생활에 대한 소회를 다음과 같이 고백한 적이 있다.

> 스스로 자취를 감추고, 달 아래 관을 벗어 걸고 맑은 바람에 시를 읊으며, 하늘과 땅 사이를 우러러보고 굽어보고 세상 밖을 소요하며 살아. 그 시대의 책임을 지지 않고 길이 몸과 마음을 바르게 보전하게 된다면 과연 하늘을 찌르고 우주 밖으로 벗어 나갈 수도 있은 것이다. 어찌 천 필 말, 만석 쌀의 부귀를 부러워하랴.

길재 역시 숨어 사는 삶, 즉 은거의 삶을 노래하고 있으나, 그 은거는 세속적 정치권력에서 벗어났다는 의미에서의 은거이지 일상과의 완전한 단절이 아니었다. 그는 사람들과의 완전한 단절을 꿈꾸지 않았다. 사람들과 완전히 단절하고 숨어 사는 사람은 은자隱者(은둔한 사람)일 뿐 은사隱士(은둔한 선비)가 아니다.

은자와 은사의 차이는 은둔해 살면서도 유교적 가치를 지키고 있느냐, 아니면 유교적 가치를 버렸느냐에 달려 있다. 길재는 유교적 가치를 버리지 않았을 뿐만 아니라 오히려 누구보다도 일관되게 유교적 가치를 추구했다. 불사이군의 충절은 유교적 가치를 지키려는 강한 의지가 있었기에 가능했다.

이렇게 보면 "새벽녘 지는 달빛이 창 앞에 환히 밝고, 십릿길 솔바람은 베개 위에 맑구나"라는 시구는 속세와의 단절이라기보다는 전원생활의 단면을 표현한 것으로 해석하는 것이 마땅하다. "부귀하려 애를 쓰니 빈천이 괴롭나니, 숨어 사는 삶의 재미를 누구와 얘기하리오"라는 시구 역시 세속에서 벗어난 삶을 찬미했다기보다는 안빈낙도의 유가적 가치를 표현한 것으로 보는 편이 적절하다. 더욱이 "숨어 사는 삶의 재미를 누구와 얘기하리오"라는 구절은 안빈낙도의 즐거움을 다른 사람들과 함께해야 한다는 강렬한 소망이 담겨 있다.

길재는 홍가신洪可臣에게 준 시에서 다음과 같이 노래했다.

인간에겐 백발이 슬프고	人間悲白髮
문 닫힌 집에는 찬 매화가 지네	閉戶落寒梅
서울 벗들은 편지조차 끊어졌는데	京友斷書札
산새들은 마음대로 오고 가네.	山禽猶往來

홍가신은 길재가 금오산에 낙향해 있을 때 서울에 머물러 있

던 친구인 것으로 생각된다. 길재는 이 시에서 찾는 이 없는 집 뜨락에 흩날리는 매화꽃을 보면서 속절없이 늙어 가는 자신의 모습을 본다. 그는 또 자유롭게 오가는 새들을 바라보면서 이미 왕래가 끊어진 지 오래인 옛 친구들을 떠올린다. 산새들은 마음대로 오고 가는데 서울의 벗들은 편지조차 끊어졌다는 독백은 길재가 외부세계와의 소통을 얼마나 간절히 원했는지를 보여 준다.

다음은 「뜻을 펴다」(述志)라는 제목의 시이다.

시냇가 오막살이에 홀로 한가로이 사노라니　　臨溪茅屋獨閑居
달 밝고 바람 맑아 흥겹구나.　　月白風淸興有餘
찾아오는 손님은 없고 산새들만 지저귀는데　　外客不來山鳥語
대숲 아래 평상 놓고 누워서 글을 읽네.　　移床竹塢臥看書

길재가 16세 때 지었다는 시이다. 이 시는 길재가 실제로 살아가는 모습을 사실적으로 그렸다기보다는 그 나이에 느꼈을 법한 이상적인 삶의 모습을 표현한 것으로 보는 것이 적절하다. 아무튼 이 시에서 묘사된 삶은 현실과 단절된 채 살아가는 은자의 삶이 아니다. 그것은 시골 마을 오막살이에서 가난하게 살지만 한가로운 마음의 여유를 잃지 않는 삶, 그래서 흥겹고 즐거운 삶이다. 비록 찾아오는 손님은 없지만 산새들이 지저귀는 곳은 온 산에 새 한 마리 날지 않는 「강설」의 배경과 다르다.

길재가 그리고 있는 이상적인 곳은 우리가 보통 살아가는 농촌 또는 산촌이다. 더욱이 그곳에서 사는 사람은 책을 읽는 사람이다. 비록 누워서 책을 읽는 모습은 바르게 앉아 책을 읽는 전형적인 도학자의 모습으로부터의 일탈이긴 하지만, 그래도 독서라는 선비의 본분을 잃지 않았다는 점에서 이 시는 자연 속에서 책을 읽으며 한가롭게 사는 삶에 대한 동경을 읊은 시 혹은 삶의 고단함에도 불구하고 마음의 여유를 잃지 않는 안빈낙도의 삶을 바라는 시 정도로 해석하는 것이 좋겠다.

4) 증점의 기상

한가하게 지내다(閑居)

차고 맑은 샘물에 손을 씻고	盥手淸泉冷
큰 나무 무성한 숲속을 거니네.	臨身茂樹高
청년들 아이들 찾아와 글을 물으니	冠童來問字
더불어 한가롭게 노닐 만하네.	聊可與逍遙

이 시에서도 맑은 샘물에 손을 씻고 숲속을 거니는, 산골 마을의 한가한 생활이 묘사되어 있다. 청년들과 아이들이 와서 글을 물으니, 그들을 가르치기도 하고 함께 숲속을 거닐 수도 있다. 길재가 말하는 한가로운 삶이란 사람을 떠나고 현실을 떠나는 삶

이 아니다. 세상에서 격리된 채 혼자만의 길을 걷는 삶이 아니라, 학생들을 가르치면서, 때로는 그들과 거닐면서 담소를 나누는 삶이다. 그래서 이 시는 증점曾點의 기상을 연상시킨다.

공자가 제자들에게 진정으로 하고 싶은 일을 할 수 있게 된다면 무엇을 하겠느냐는 질문을 던졌다. 제자들의 답변은 서로 달랐다. 자로子路는 자신이 큰 나라를 다스리게 되면, 설사 그 나라가 대국들의 속박을 받아 진란이 일어나고 이로 인해 기근이 든다 해도 3년이면 백성들을 용맹스럽게 만들고 올바른 길로 나아가게 할 수 있다고 하였다. 염유冉有는 자신이 작은 나라를 다스리면 3년 만에 백성들을 풍족하게 살도록 할 수 있다고 하였다. 그리고 공서화公西華는 나라의 의례를 배워 의례를 집행하는 의례 전문가가 되겠다고 하였다. 하지만 증점의 대답은 남다른 데가 있었다.

늦은 봄에 봄옷이 마련되면 젊은 청년 대여섯 명, 어린아이 예닐곱 명과 함께 기수沂水에서 목욕하고 무우舞雩에서 바람 쐬고 노래하며 돌아오겠습니다.

증점의 대답을 들은 후 공자는 "나는 증점을 인정한다"면서 크게 감탄하였다. 젊고 어린 학생들과 자연에서 노닐겠다는 증점의 꿈은 정치나 학문을 통해 크게 인정을 받고 싶다는 꿈에 비

「공자성적도」중「무우종유도」

해 매우 소박하다. 그럼에도 공자가 다른 제자들의 꿈을 젖혀 두
고 증점의 꿈이 좋다고 인정한 것은 무슨 이유에서였을까? 주자
학의 집대성자로서 조선의 유학에 커다란 영향을 미친 주희朱熹
는 이렇게 해석하였다.

증점의 학문에는 아마도 저 인욕이 없어진 곳에 천리의 유행
이 언제 어디서나 충만하여 조금의 흠도 없는 경지에 대한 통
찰이 있었다. 그러므로 고요할 때나 움직일 때나 이와 같이 담
담했다. 자기 뜻을 말할 때도 또한 자기가 처한 위치에서 일상

생활의 떳떳함을 즐긴 것에 불과하니, 처음부터 자신을 버리고 남을 위하려는 뜻이 없었다. 그 회포가 유유자적하여, 곧장 천지만물과 더불어 위아래가 함께 흘러 저마다 합당한 자리를 얻는 깊은 경지가 은연중에 말 바깥으로 자연히 드러났다. 지엽적인 일에 급급한 세 사람의 경우는 증점의 기상에 미치지 못한다. 따라서 공자가 감탄하면서 깊이 인정했던 것이다.

주희를 비롯해 도학자들이 설정한 이상적인 경지는 존천리存天理 · 멸인욕滅人欲의 상태, 즉 마음에 인욕이 사라지고 순수하게 천리만 보존된 상태이다. 이러한 경지에 이른 사람, 즉 마음에 천리만이 가득한 사람은 개인의 사적인 욕망이 사라진 상태이므로 나와 너의 구별도 없고 나와 외물의 구별도 없다. 한마디로 그는 천지만물과 더불어 하나가 된 사람이다. 그래서 자신이 처한 위치에서 자신에게 주어진 일에 충실할 뿐이다. 어떤 사적인 이익에 대한 관심이 사라지고 나와 너의 경계가 무너졌을 때, 그가 하는 일은 모두 도의 실천이다. 이런 측면에서 보면, 나라와 백성을 위해 헌신하겠다는 의지가 오히려 목적의식적이고 작위적이다. 그래서 자연스럽지 않다.

길재의 「한거」가 모든 인욕이 사라지고 천리가 충만한 경지에 이른 삶을 노래했다고 하기에는 무리가 있다. 모든 사적 욕망이 사라지고 천리가 충만한 삶은 사실 성인의 경지에서나 가능하다. 그럼에도 자연 속에 살면서 어린 학생들을 가르치고, 가끔씩 그들과 한가롭게 거닐면서 담소를 나누는 생활은 공자가 인정했던 증점의 기상과 다를 것이 없다. 증점은 모든 사적인 욕망이 사라지고 천리가 충만한 경지에 이르지는 못했을지라도, 그 경지에 대한 통찰이 있었다. 그래서 주희의 말처럼, 그는 고요할 때나 움직일 때나 그와 같이 담담했고 자기가 처한 위치에서 일상생활의 떳떳함을 즐길 수 있었다.

길재가 "청년들 아이들 찾아와 글을 물으니, 더불어 한가롭게 노닐 만하네"라고 노래했을 때, 그 내면의 지향은 사적 욕망의 제거를 통해 유교적 가치, 즉 천리를 보존하고 실천해 가는 데 있었다. 그것은 일종의 수행이고 공부이다. 그런 점에서 단순히 유교적 가치를 벗어 던지고 자연에서 노니는 장자莊子의 소요유逍遙遊와 거리가 있다. 그 길은 천리를 따르고 도를 실천하는 길이기에 의연할 수 있고 즐거울 수 있는 길이다. 다음의 시는 이를 더 명확하게 보여 준다.

우연히 읊다(偶吟)

사철 푸른 대나무 절의를 굳게 하고	竹色春秋堅節義
밤낮 흐르는 시냇물 탐욕을 씻어 주네.	溪流日夜洗貪婪
마음의 근원은 맑고 고요해 티끌이 없으니	心源瑩静無塵態
이제부터 도의 단 맛을 알겠구나.	從此方知道味甘

대나무는 사시사철 푸르고 시냇물은 쉬지 않고 흘러간다. 대나무가 푸른 것은 대나무의 도道이고 시냇물이 흐르는 것은 시냇물의 도이다. 그것은 누가 강제한 것이 아니다. 저마다 자신의 천리 즉 도를 실천한 것일 뿐이다. 길재는 대나무에서 대나무의 천리를 보았고 시냇물에서는 시냇물의 천리를 보았다. 그래서 그는 사시사철 변함없이 푸른 대나무를 앞에 두고 절의를 떠올리고, 쉼 없이 흐르면서 맑음을 유지하는 시냇물을 마주하며 마음에 낀 탐욕의 찌꺼기들을 씻어 낸다.

주자학에서 본 사람의 마음은 본래 티끌 하나 없이 맑고 깨끗하다. 그 순수한 본래 마음이 인간의 탐욕에 가려져 있어 잘 드러나지 않을 뿐이다. 따라서 마음에 낀 사적 욕망의 티끌들을 씻어 낸다면 맑고 깨끗한 본래의 마음을 되찾을 수 있다. 그 길은 천리를 따르는 길인 동시에 본래의 마음을 되찾는 길이고, 그래서 달콤한 길이다. 인간이 걸어야 하는 도라고 해서 자연과 본질적으로 다르지 않다. 그것은 대나무가 푸르고 시냇물이 흐르는 것, 아니면 솔개가 날아 하늘에 이르고 물고기가 연못에서 뛰는 것과 다를 바 없다.

2. 현실에 대한 성찰과 고뇌

1) 뜻만은 수양산의 백이·숙제라네

길재가 어려운 환경에서도 힘써 일하며 학문에 매진했던 것은 그의 말대로 어버이를 봉양하고 임금을 섬기기 위해서였다. 젊은 시절 그의 꿈은 시골 마을에서 책을 읽고 학생을 가르치는 은사, 즉 은둔한 선비의 삶이 아니었다. 청운의 꿈을 안고 상경을 하던 18세 때만 해도, 그에게는 열심히 공부하여 과거에 합격하고 높은 직위에 올라 나라를 위해 헌신하겠다는 꿈이 있었다.

"다만 힘을 다해 밭을 갈고 마음을 다해 학문을 하여 아래로는 어버이를 봉양하고 위로는 임금을 섬기면서, 어버이를 기쁘게 하고 임금을 요·순과 같은 성군으로 만들어 백성들을 요·순의 나라에 살게 하고 세상을 태평성대로 만드는 것"이 길재가 평소에 가졌던 삶의 목표였다. 그러나 고려 말의 정치 상황은 시골 청년 길재의 꿈을 이루기에는 너무도 혼란스러웠다.

길재는 요동정벌군의 출정을 성균관에서 지켜보면서, 열심히 공부하는 것만으로는 혼란의 시대를 요순의 시대로 바꾸는 것이 사실상 불가능하다는 것을 알았다. 아니 우왕과 고려의 운명마저도 장담할 수 없다는 것을 직감했다.

「반궁에서 우연히 읊다」(泮宮偶吟)는 그때 지은 시이다.

용수산 동쪽에 낮은 담장은 기울었고	龍首正東傾短墙
미나리 밭 두둑엔 푸른 버들 늘어졌네.	水芹田畔有垂楊
몸은 비록 다른 사람보다 나을 것이 없지만	身雖從衆無奇特
뜻만은 수양산의 백이·숙제라네.	志則夷齊餓首陽

여기서 용수산은 개성의 남쪽 지역에 위치하면서 동에서 서로 뻗어 있는 산이고, 미나리 밭은 반궁泮宮 즉 길재가 학생들을 가르치는 성균관을 가리킨다. 길재는 용수산 아래 기울어진 성곽을 바라보면서, 그리고 성균관 담장 너머 드리워진 버드나무를 보면서 어수선한 정국을 떠올렸다. 미래를 짐작할 수 없는 요동정벌군이 이미 개경을 떠났고, 길재는 성균관에서 학생들과 함께

책을 읽고 있을 뿐이다.

길재는 생각했다. 고려는 날로 기울어져 가는데, 그 끝은 어디일까? 어쩌면 그 끝은 고려의 멸망일지 모른다. 그러나 나에게는 기울어져 가는 고려를 떠받칠 만한 힘이 없다. 내가 가진 정치적 지위와 경륜은 남다를 것 없이 지극히 평범할 뿐이다. 그렇다면 내가 선택할 수 있는 길은 무엇일까? 여기서 길재는 수양산에서 들어가 절의를 지킨 백이·숙제를 떠올리고 그들의 길을 가겠노라고 다짐했다.

백이와 숙제 두 형제는 동양의 역사에서 오랫동안 절의의 사표로 받들어져 왔던 사람들이다. 그들은 무왕武王이 은나라의 주왕紂王을 토벌하고 주나라를 세우자 무왕의 행위가 도리에 어긋

「백이숙제도」

나는 것이라 하여, 주나라의 곡식을 먹기를 거부하고 수양산에 들어가 몸을 숨긴 채 고사리를 캐어 먹고 지내다가 굶어죽었다.

백이·숙제가 주나라의 곡식을 먹기를 거부하고 수양산에 들어간 것은 도리에 어긋난 새 왕조의 신하가 되길 거부했다는 의미이다. 길재는 이 시기에 이미 고려의 종말, 그리고 새 왕조의 등장을 예견하고 스스로 절의의 길을 가겠다는 결심을 한 것이 아닐까?

그렇다면 「반궁에서 우연히 읊다」는 고려의 앞날을 예감하고, 수양산에 들어가 삶을 마감한 백이·숙제의 절의를 다짐하는 충절의 시임이 분명하다. 동시에 고려의 몰락을 짐작하면서도 그것에 저항하기보다는 역사의 숙명으로 받아들이고 은둔의 길을 선택하는, 소극적인 저항의 시이기도 하다.

2) 의는 죽고 사는 데서 나온다네

위화도회군 이후 고려의 정치 상황은 급변했다. 위화도회군 직후 우왕이 폐위되었고, 새로 즉위한 창왕도 1년 5개월 만에 폐위되었다. 그 후 2년 8개월 만에 새 왕조 조선이 건국되었다. 결국 길재는 공양왕이 즉위한 직후에 사직을 하고 낙향함으로써 백이·숙제의 절의를 지키겠다던 다짐을 실천했다.

길재는 「후산가서」에서 낙향을 하게 된 계기와 낙향 이후의 생활에 대해서 다음과 같이 말했다.

> 이제 와서 불행하게도 하늘의 변고를 만나 십 년 공부가 사라
> 지고 말았다. 아! 하늘이 하는 일이니 무엇이라 말하랴. 이에
> 방황하고 탄식하다 훌쩍 마음을 돌려 스스로 자취를 감추고,
> 달 아래 관을 벗어 걸고 맑은 바람에 시를 읊으며 하늘과 땅 사
> 이에서 우러러보고 굽어보며 세상 밖을 소요하면서, 그 시대
> 의 책임을 떠맡지 않고 하늘이 주신 나의 올바른 본성을 길이
> 보존한다면 과연 은하수를 넘어 우주 밖으로 나갈 수 있을 것
> 이다. 어찌 천 필의 말, 만 섬의 쌀과 같은 부귀를 부러워하랴.

여기서 하늘의 변고란 창왕의 폐위와 그 직후에 있었던 우
왕·창왕의 죽음을 뜻하는 것으로 보인다. 창왕은 폐위된 후 강
화도로 보내졌다가, 공양왕 즉위 직후에 왕명을 받은 대제학 유
구에 의해 죽임을 당했다. 그때 창왕의 나이 겨우 열 살이었다.
우왕 역시 강화도에 유폐되었다가 강릉으로 이배되었고, 공양왕
이 즉위하자 곧 죽임을 당했다.

창왕이 폐위된 것이 1389년 11월이었고, 우왕과 창왕이 죽
임을 당한 것이 같은 해 12월이었다. 그리고 길재가 사직한 것은
그 다음해인 1390년 봄(1월~3월)이었다. 이것으로 보아 길재가 벼
슬을 버린 것은 창왕의 폐위와 그에 이어진 우왕과 창왕의 죽음

이 직접적인 원인이었음을 짐작할 수 있다.

길재의 문집에는 길재가 박의중朴宜中(1337~1403)의 시에 차운
次韻하여 지은 시 한 편이 실려 있다. 박의중의 이 시는 박천익朴
天翊(1332~1398)도 차운하여 시를 지은 것으로 보아 길재, 박의중,
박천익 세 사람의 관계는 매우 밀접했던 것으로 보인다. 그럼에
도 이 세 사람이 구체적으로 어떤 관계였는지 정확하게 알려진
것이 없다.

박의중은 이색의 문인으로서 공민왕 11년(1362) 문과에 장원
으로 급제했으며, 우왕 때에는 문하사인門下舍人 · 좌사의대부左司
議大夫 · 대사성 등을 거쳐 밀직제학密直提學이 되었다. 태조 1년
(1392)에 예문춘추관학사藝文春秋館學士에 임명되어 조준趙浚 · 정
도전鄭道傳 등과 함께 『고려사』 편찬에 참여하였다. 훗날 완성되
는 『고려사』에는 "타고난 자질이 명민하고 학문이 깊었으며 청
렴강개하여 언제나 한결같이 절개를 지켰다. 썼던 글은 정밀하
고 전아했다"라고 기록되어 있다.

박천익은 호가 송은松隱으로서 목은牧隱 이색李穡 · 포은圃隱
정몽주鄭夢周 · 도은陶隱 이숭인李崇仁 · 야은冶隱 길재吉再 · 성은成
隱 김대윤金大尹 · 동은桐隱 이재홍李在弘 · 휴은休隱 이석주李錫周 ·
만은晩隱 홍공재洪公載와 더불어 구은九隱으로 불린다. 구은은 호
에 '은隱' 자가 있는 것에서 짐작할 수 있듯이 조선왕조에 참여하
지 않았다는 공통점이 있다. 박천익 역시 태조가 다섯 차례에 걸

처 불렀음에도 신하로서 두 임금을 섬길 수 없다고 하여 나아가지 않았다고 한다. 길재와 박천익의 긴밀한 관계는 길재가 박천익의 화상찬畵像讚을 지었다는 데서 확인된다. 이 글에서 길재는 박천익에 대해 리학理學의 종주이고 도의道義가 엄숙하다고 칭찬하면서 "옥처럼 깨끗하고 얼음처럼 맑아서 더 보탤 것이 없다"고 극찬했다.

길재와 박천익이 조선왕조에 출사하길 거부한 데 반해 박의중은 태조의 부름에 응했고 『고려사』 편찬에도 관여하였다. 이렇게 보면 이 세 사람은 출처와 관련해서 두드러진 공통점이 없다. 굳이 공통점을 찾자면, 여말선초라는 역사의 갈림길에서 고려와 조선이라는 선택지를 놓고 고심했을 법했다는 정도이다. 그럼에도 불구하고 길재와 박천익이 박의중의 시를 차운하여 시를 지었다는 것은 그 두 사람과 박의중 사이에 작지 않은 교분이 있었음을 말해 준다.

박의중의 시는 "절기는 어느덧 저물었는데, 나그네 갈 길은 어디인가?"라는 물음으로 시작하여, "어제 잘못 오늘에야 깨닫게 되니, 일마다 기약대로 되지 않네"로 끝난다. 오늘 깨달았다는 어제의 잘못이 무엇인지는 명확하지 않다. 새 왕조에 출사하는 것을 정당화하는 것일 수도 있고, 아니면 어쭙잖게 새 왕조에 협조한 것에 대한 반성일 수도 있다. 아무튼 분명한 것은 몸이 굳어지고 귀밑털이 희어진 노년의 작자가 지금까지 살아 온 삶을 반성하며 앞으로 가야할 길을 스스로 묻고 있다는 것이다.

박천익은 "물도 울고 산도 슬퍼하는 곳"이라고 전제한 뒤, "번민과 원통으로 몸은 이미 늙었고, 피눈물에 귀밑머리 하얗게 되었다오"라면서 현실의 상황과 지나온 발자취를 회한 어린 눈으로 바라보고 있다. 이어서 그는 "넋 나간 채 맞은 새로운 밤은 멀고, 짐을 꾸려 옛길 가기는 더디기만 하네. 가련하다 몇 사람 나그네들은, 영광과 오욕을 각자 마음에 기약하네"라고 하였다. 그는 자신의 모습을 넋 나간 채 밤을 맞는다고 표현하면서, 그 시련의 밤은 길고 자신이 걷는 걸음은 더디다고 탄식하고 있다. 암울한 시대를 살아가는 선비의 자화상이 아닐 수 없다.

다음은 길재가 박의중의 시에 차운하여 지은 시이다.

오늘 아침 부조현에서 작별하니	朝別不朝峴
그대들 가는 곳 어디인가요?	諸君何所之
붉은 충정 여전히 빛나고	丹忱由耿耿
애절한 원한 서리서리 맺혔네.	哀怨結絲絲
밤안개 자욱한데 흘러가는 구름이 젖었고	夜色歸雲濕
자격루 물소리에 나그네 꿈은 더디네.	漏聲旅夢遲
충신열사 논할 것도 없이	莫論忠烈士
의는 죽고 사는 데서 나온다네.	義出死生期

길재가 개성을 찾았다가 부조현을 넘으면서 지은 시이다. 부조현不朝峴은 글자 그대로 해석하자면 조정에 나오지 않은 사람들의 고개라는 뜻으로, 개성 동남쪽에 있는 고개 이름이다. 훗날 영조는 이곳을 찾았다가 그 이름의 유래를 확인하고 이곳에 부조현비를 세웠다. 『영조실록』에는 영조와 신하들이 개경을 다녀가는 길에 부조현을 지나면서 나눈 대화가 기록되어 있다.

> 임금이 가마를 타고 가면서 신하들을 돌아보고 말하였다.
> "부조현不朝峴이 어느 곳에 있으며, 그렇게 이름을 지은 것은 무슨 뜻인가?"
> 이회원李會元이 답하였다.
> "태종께서 과거를 시행했는데, 개성의 큰 집안 50여 곳이 과거에 응하려고 하지 않았기 때문에 그 이름이 생긴 것입니다. 그리고 문을 닫고 나오지 않았기 때문에 또 그 마을을 두문동杜門洞이라고 했습니다."
> 임금이 부조현 앞에 이르러 가마를 정지하도록 명하고, 옆의 신하에게 말하였다.
> "말세에는 군신의 의리가 땅을 쓴 듯이 없어졌는데, 이제 부조현이라고 이름을 지은 뜻을 듣고 나니 비록 수백 년이 지났지만 오히려 사람으로 하여금 눈으로 보는 것처럼 마음이 오싹함을 느끼게 한다."

이어서 영조는 승지에게 명하여 칠언시七言詩의 한 구절, 즉 "고려의 충신들이 대대로 계승되기를 힘쓰라"(勝國忠臣勉繼世)라는 구절을 받아쓰게 하고는, 수행하는 옥당과 승지·사관에게 이 구절에 이어서 시를 지어 올리게 했다. 후에 또 직접 부조현이라는 세 글자를 쓰고 그 터에 비석을 세우게 했다.

조선왕조에 참여하기를 거부한 사람들이 사는 동네 이름이 두문동이고, 그 마을 앞에 있는 고개가 부조현이라는 것이다. 부조현이라는 이름의 유래를 알고 나면 위 시의 의미가 제법 분명해진다.

길재는 언젠가 부조현 고개를 넘었다. 그때 몇 사람과 함께 부조현 고갯마루에서 하룻밤을 보내고, 아침 일찍 서로 작별의 인사를 나누고 헤어졌다. 어쩌면 그때 헤어졌던 사람이 박의중과 박천익일지도 모른다.

길재가 부조현을 넘은 것은 공양왕 2년에 벼슬을 버리고 낙향할 때일 가능성이 있다. 그러나 이때는 아직 부조현이나 두문동이라는 이름이 생기지 않았을 때이다. 물론 부조현의 이름이 그 이전에 이미 있었을 가능성이 없지는 않다. 출사를 거부한 사람들이 여말선초에만 있었던 것은 아니기 때문이다. 공양왕 2년이 아니라면, 정종 2년 이방원의 부름을 받고 상경했다가 벼슬을 사양하고 돌아갈 때였을 가능성도 있다. 그러나 이때는 박천익이 이미 죽은 후였고 박의중도 죽기 3년 전인 64세의 노년이었다. 그래서 이들과 부조현에서 직접 작별의 인사를 나누었을 가능성은 크지 않다.

어찌 되었든, 길재는 부조현에서 친구들과 헤어진 후 그날 밤 홀로 여막에 묵었다. 길재는 밤이 깊도록 잠 못 이루고 아침에 헤어진 친구들을 생각한다. 그리고 묻는다. "오늘 아침 부조현에서 작별하니, 그대들 가는 곳 어디인가요?" 그러나 이 질문은 단순히 친구들이 어디쯤 있을까를 묻는 것이 아니다. 부조현이라는 고개 이름을 생각할 때, 그 속뜻은 여말선초의 혼란한 시기에 그들이 어떤 정치적 선택을 할까를 묻는 데 있다고 보는 것이 적절하다.

떠나는 친구를 부조현까지 배웅해 준 친구들이라면 고려의 폐망과 조선의 건국을 바라보는 심정은 크게 다르지 않았을 것이다. 길재는 친구들에게서 여전히 빛나는 붉은 충정과 서리서리 맺힌 원한의 마음을 확인할 수 있었다. 그것은 폐망한 나라의 신하라면 누구든지 가질 수 있는 원초적인 감정이다. 그럼에도 박천익과 박의중이 서로 다른 길을 선택한 것처럼, 현실의 정치적 선택은 얼마든지 다를 수 있다.

대개의 경우 현실의 압박은 평소의 정치적 신념을 압도할 만큼 강하다. 절의가 가치 있는 것은 이 때문이다. 절의를 지킨다는 것은 그 압도적인 힘을 거부하고 그것에 저항한다는 것을 의미한다. 그래서 절의는 목숨을 걸 때만이 가능하다. 길재는 말한다. 충신과 열사는 모두 의義를 위해 목숨을 걸었던 사람들이라고.

의를 지키는 것은 쉬운 일이 아니다. 현실의 많은 이익을 포기해야 하고, 때로는 목숨을 걸어야 하기 때문이다. 반대로 목숨을 걸고 혁명을 한 사람들도 있다. 이성계 · 정도전 · 조준은 그들의 대의를 위해 목숨을 걸었다. 그렇다고 그들이 완전히 현실의 이익에 초연한 채 오로지 고려의 백성을 위해 혁명을 했다고 생각하는 것은 순진한 발상이다. 그들에겐 권력의 욕망이 있었다. 그것은 부단히 강해지려는 힘의 욕망이고, 다른 사람으로부터 인정을 받으려는 인정 욕망이다. 그러나 그들은 자신들이 오직 대의를 위해 그리고 백성을 위해 혁명을 한다는 것을 조금도 의심하지 않았을 것이다. 그것이 그들의 정치적 신념이었다.

3) 오랜 친구들 새롭게 변신하는데

1392년 7월 17일 새 왕에 즉위한 태조 이성계는 7월 28일에 발표한 즉위교서에서 임금의 존재 이유에 대해 간략하게 말하였다.

하늘이 백성을 낳고 임금을 세운 것은, 임금으로 하여금 백성을 길러서 서로 살게 하고 백성을 다스려서 서로 편안하게 하도록 하기 위함이다. 그러므로 군왕의 도에는 성공과 실패가 있고 인심에는 복종과 배반함이 있으니, 천명이 떠나가고 머물러 있음은 여기에 달려 있다. 이것은 변하지 않는 이치이다.

이 교서는 정도전이 쓴 것으로, 임금에게 부여된 임무에 대해 "백성을 길러서 서로 살게 하고 백성을 다스려서 서로 편안하게 하는 것"이라고 정리하고 있다. 이 글에서 중요한 것은 역성혁명을 정당화한 부분이다. 임금에게는 백성들을 잘살게 해야할 책무가 있고, 그 책무를 다하지 못하면 인심이 떠나고 천명이 떠난다는 것이 그것이다. 물론 이것은 조선의 건국을 정당화하기 위해 끌어들인 혁명의 논리이다. 실제로 이 교서는 "공양왕이 혼미하고 법에 어긋난 행동을 하므로 여러 사람들이 배반하고 친척들이 이반하여 능히 종사를 보전할 수 없었으니, 이른바 하늘이 폐하는 바"라고 하여 혁명의 정당성을 구체적으로 적시하고 있다.

조선 건국 세력은 백성을 편안하게 하기 위해 민의와 천명을 받들어 새 왕조를 세웠다고 선언했다. 실제로 그들은 토지제도와 조세제도 등을 개혁하여 백성들의 삶을 향상시키는 데 크게 기여했고, 이는 역사적 진전임이 분명하다. 이런 측면에서 조선의 건국과 건국 이후의 정치적 참여를 절의와 배신의 틀로만 보는 것은 적절하지 않다.

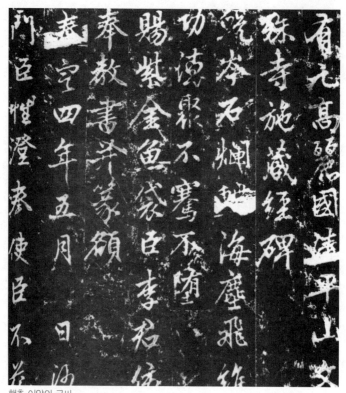

행촌 이암의 글씨

다음의 시는 길재가 행촌杏村 이암李嵒에게 준 시이다.

새는 산에서 날고 고기는 물에서 노니	鳥則山飛魚則水
각자 타고난 본성에 따라 세상을 사네.	各隨其性世間斜
어찌하여 동산에 봄바람 따라 온 나비는	如何園裏東風蝶

붉은 꽃 찾았다가 또 흰 꽃을 찾는가?　　　　纔向紅花又白花

　　이암은 충렬왕 23년(1297)에서 공민왕 13년(1364)까지 산 사람
이다. 길재의 나이 12세 때 이암이 죽었으므로 길재와 이암이 직
접 만났을 가능성은 없다. 그렇다면 이 시는 훗날 길재가 이암에
빗대어 지은 시로 보는 것이 적절할 것이다.

　　이암은 충선왕 5년(1313) 열일곱 살의 나이에 과거에 합격한
후 충숙왕, 충혜왕, 충목왕, 충정왕, 공민왕 대를 거치면서 고위
관직을 두루 지낸 인물이다. 그러나 그가 살았던 시대는 원나라
의 간섭으로 인해 왕위가 충숙왕에서 충혜왕으로 바뀌었다가 다
시 충숙왕, 충혜왕으로 바뀌는 등 정치적으로 안정되지 않았던
때였다. 이암은 애초에 충숙왕의 총애로 고위직에 올라 실권을
누렸으나 충숙왕이 두 번째 왕위에 올랐을 때는 오히려 충혜왕의
측근이었다는 이유로 유배를 당하는 등, 여러 차례 유배를 갔을
만큼 정치적 부침도 컸다.

　　길재의 관점에서 보면, 이암이 충숙왕의 총애를 한 몸에 받
았던 신하로서 충숙왕이 폐위된 후 그의 아들이자 정적인 충혜왕
에게 헌신한 것은 신하의 도리에 어긋나는 것이었다. 그것은 마
치 나비가 이 꽃 저 꽃을 옮겨다는 것과 마찬가지였다. 새는 산에
서 살고 물고기는 물에서 사는 것이 자연의 이치인 것처럼, 충숙
왕의 신하는 충숙왕을 따르고 충혜왕의 신하는 충혜왕을 따르는

것이 신하의 도리라는 것이다. 이암의 처세에 대한 준엄한 비판이 아닐 수 없다.

아무튼 절의의 길을 선택한 길재는 새 왕조에 참여하는 옛 친구들을 바라보며 안타까운 심정을 다음과 같이 표현했다.

오랜 친구들 새롭게 변신하는데	古今僚友身新變
천지와 강산은 옛 친구이네.	天地江山是故人
하늘은 당연히 나에게 허락하리니	太極眞君應許我
인심仁心은 영원히 청춘인 것을.	仁心不老自靑春

「행장」에 따르면, 이 시는 꿈속에서 승려를 만난 것이 계기가 되어 쓴 시이다. 어느 날 꿈에 한 승려가 나타나 "오랜 친구들 새롭게 변하는데"라고 시 한 구절을 읊었고, 길재가 "천지와 강산은 옛 친구이네"라고 화답하였다. 이렇게 해서 첫째 구와 둘째 구가 만들어졌고, 그 아래 두 구는 길재가 잠에서 깬 후에 보탠 것이다.

『논어』에는 "뜻 있는 선비(志士)와 어진 사람(仁人)은 살기 위해 인仁을 해치지 않고 죽음으로써 인을 이룬다"라는 말이 있다. 인仁은 사람을 사람이게끔 하는 사람의 본질이다. 인인仁人 즉 어진 사람은 사람의 본질을 성취한 사람, 다시 말해 인간다운 인간이다. 지사志士 즉 뜻 있는 선비란 신념이 확고한 선비를 말한다.

죽음으로써 인을 이룬다는 것은 살신성인殺身成仁 즉 자기 한 몸을 희생해서 인을 성취한다는 뜻이다. 인의 실천은 목숨을 걸어야 할 만큼 어렵다. 그것은 뜻 있는 선비나 어진 사람만이 가능하다. 그들은 살기 위해서 인의 실천을 포기하지 않는다. 그래서 그들의 목숨을 빼앗을 수 있을지언정 그들의 지조를 꺾을 수는 없다.

길재가 말하는 어진 마음이란 인간이 인간일 수 있는 마음이다. 따라서 어진 마음이 없으면, 그 사람은 인간의 모습을 하고 있으나 진정 인간다운 인간(仁人)이 아니다. 인간다운 인간은 인간에게 주어진 길, 즉 인간의 도를 걷는 사람이다. 길재는 한때 고려의 신하였던 친구들이 새 왕조에 참여하는 모습을 보면서 강산만은 변하지 않음을 재확인했다. 그리고 다짐했다. 인간을 인간이게끔 하는 마음, 즉 인심仁心을 영원히 잃지 않겠노라고. 나의 지조를 꺾지 않겠노라고.

제5장 길재 추숭과 주자학의 도통

1. 조선왕조의 길재 추숭

　길재는 공개적으로 고려왕조의 신하임을 자처하면서 조선
왕조에서 벼슬하기를 거부한 사람이다. 길재의 이러한 태도는
고려왕조의 신하로서 절의를 지키는 것인 동시에 조선왕조에 대
한 일종의 저항의식의 표출이다. 조선왕조의 입장에서 보자면
길재는 비협조적이고 불온한 사람이다. 그럼에도 불구하고 길재
는 자신의 충절을 지키도록 허락을 받았을 뿐만 아니라, 죽은 뒤
에는 정몽주와 더불어 충신의 반열에 올라 존경받는 인물로 거듭
났다. 길재가 조선에서 충신의 반열에 오르고 칭송을 받게 되는
과정을 살펴보자.
　왕자의 난의 여파로 한양에서 개경으로 잠시 천도해 있을 때

이다. 태종 1년(1401) 1월에 권근權近은 태종에게 6조목의 개혁안을 제시했다. 태종이 즉위한 지 한 달이 좀 더 지났을 무렵인 태종 즉위년(1400) 12월에 수창궁에 화재가 난 것이 그 계기였다. 궁전이 불탔다는 것은 비록 그 원인이 실화에 있다고 하더라도 큰 변고가 아닐 수 없다. 특히 수창궁은 공민왕 때 홍건적의 침입으로 연경궁이 불탄 이래 정전正殿으로 사용되던 궁궐로서, 태조는 물론 태종 자신도 여기에서 즉위식을 거행한 바 있는 유서 깊은 궁전이었다.

전통사회에서는 일·월식, 벼락, 홍수, 화재, 가뭄과 같은 비정상적인 사건, 즉 재이災異가 발생하면 하늘이 인간 특히 임금에게 내리는 경고로 받아들이는 것이 보통이었다. 재이가 발생하면 민심이 흉흉해지는 것도 이와 같은 이유에서이다. 재이가 발생하면, 군왕은 자신에게 어떤 허물이 있는지 스스로 반성하면서 민심을 수습하기 위해 고심하기 마련이었다. 태종 역시 자신의 잘못을 자책하면서 현실을 타개할 방안을 모색했다. 더욱이 형인 정종을 물러나게 하고 왕위에 오른 지 얼마 되지 않은 태종으로서는 민심수습책이 그만큼 더 절실했을 것이다.

이런 상황에서 권근은 6조목의 수습책을 태종에게 건의했다. 그 중에 다섯 번째 항목이 절의를 지킨 사람들을 선양해야 한다는 내용이었는데, 권근이 선양할 사람으로 꼽은 인물이 정몽주鄭夢周·김약항金若恒·길재였다. 권근은 길재에 대해 다음과 같이 말했다.

> 전 주서 길재는 절개를 지킨 선비입니다. 전하께서 동궁에 계
> 실 때에, 예전에 사귀던 우정을 잊지 않으시고 또 독실한 효도
> 를 아름답게 여기시어 상왕께 아뢰어 벼슬을 내리셨습니다.
> 그런데 길재는 일찍이 거짓 왕조(僞朝)에 벼슬했다는 이유로
> 스스로 오늘에 신하 노릇을 하지 않으려고 했습니다. 전하께
> 서 그가 시골로 돌아가는 것을 들어주심으로써 그 뜻을 이루
> 게 하였으니, 길재의 지키는 바가 비록 중도中道에서 벗어나고
> 바른 것을 잃었다고는 하지만, 나라가 바뀐 뒤에도 오히려 예
> 전 임금을 위해 절개를 지켜서 관작과 봉록을 사양한 자는 오
> 직 이 한 사람뿐입니다. 어찌 높은 선비가 아니겠습니까. 마땅
> 히 다시 예의를 갖추어 불러서 관작을 내리시고, 만약 굳이 이
> 전의 뜻을 지키고 오지 않는다면 곧 그 고을로 하여금 정문旌
> 門을 세우고 부역을 면제하게 하여 조선왕조에서 절의를 포상
> 하는 법을 빛내게 하십시오.

이렇게 전 왕조의 충신들을 선양해야 하는 이유는 무엇이었
을까? 이 글에서 권근은 "자고로 국가를 가진 자는 반드시 절의
있는 선비를 선양하니, 이는 만세의 강상綱常을 굳게 하자는 것"
이라면서 "왕이 의義를 위해 창업할 때에는 자기를 따르는 자는

상을 주고 따르지 않는 자는 죄를 주는 것이 진실로 마땅한 일입니다. 대업이 이미 성취되어 수성守成할 때에는 반드시 전대에 절의를 다한 신하에게 상을 주어야 합니다. 죽은 자는 벼슬을 추중하고, 살아 있는 자는 불러서 써야 합니다. 아울러 정표와 상을 주어 후세의 신하들에게 절의를 장려해야 합니다. 이것은 고금의 변치 않는 의리입니다"라고 하였다.

창업할 때 사람을 다루는 방법과 수성할 때 사람을 다루는 방법이 달라야 한다는 것이다. 새 왕조를 건설할 때는 나와 적의 구분이 명확하다. 나를 따르면 나의 편이고 나를 따르지 않으면 적이다. 그래서 나를 따르지 않는 사람과 대결하고 그들을 벌하는 것이 당연하다. 그러나 새 왕조를 세운 이후에는 자신들과 맞섰던 적들까지도 끌어안는 포용과 통합의 정치가 필요하다. 새 왕조를 성공적으로 이끌어 가기 위해서는 민심의 안정이 필요하기 때문이다.

전 왕조에 절의를 지킨 선비를 기리는 것은 나라를 굳건하게 지키려는 목적과 무관하지 않다. 나라와 임금을 위해 초개와 같이 목숨을 버린 사람을 저버리고 방치한다면 더 이상 백성들에게 충절을 기대하기 힘들다. 그래서 필요한 것이 선양 사업이고 영웅 만들기 작업이다. 공신에 책봉하는 것도 일종의 영웅 만들기이다. 조선왕조 개국 직후에 있었던 개국공신 책봉, 왕자의 난 이후에 있었던 정국공신 책봉 등은 조선왕조 또는 군주에게 충성을 바친 사람에 대한 포상이다.

　　영웅 만들기의 극치는 역시 적의 신하를 충신으로 받드는 데 있다. 이를테면 후주를 위해 죽은 한통韓通을 송 태조가 추증한 것이나 송나라를 위해 죽은 문천상文天祥을 원 세조가 추증한 것이 그것이다. 조선왕조에서 정몽주를 충신으로 자리매김한 것도 마찬가지이다. 어제까지는 적이었던 사람을 충신으로 인정한다는 것은 충절의 가치를 절대적인 가치로 인정한다는 것을 의미한다. 어느 왕조에 충절을 받쳤느냐는 것은 부차적인 문제이다. 중요한 것은 충절을 지켰다는 것 그 자체이다.

　　태종이 길재에게 가졌던 애정은 각별했다. 고려의 패망을 한스러워하는 시를 지었다는 이유로 서견徐甄을 처벌해야 한다는 주장이 제기되자 태종은, "만일 서견을 처벌한다면, 길재는 관직을 주었는데 가 버렸으니 이것도 불가한가?"라고 반문하면서 서견을 처벌하지 않았다. 언젠가는 "길재는 전 왕조에서 주서의 직임을 받았으나, 오히려 충신은 두 임금을 섬기지 않는다고 하여 우리 조정을 섬기지 않았다. 나는 황희黃喜가 나에 대하여 바로 이와 같으리라고는 생각지 않는다"고 하여 길재의 절의를 높이 평가했다. 상왕 시절이던 세종 즉위년에도 그는 "길재는 불러도 오지 않으며 두 임금을 섬기지 않겠다는 뜻을 굳게 지키고 있으니, 신하의 절개는 진실로 이러해야만 한다"고 했을 정도이다. 이렇듯이 태종 이방원은 길재가 절의를 지킨 신하의 표본이라고 인식했다.

세종 때에는 길재 추승 작업이 구체화되었다. 세종은 즉위년(1418) 11월 24일에 경상도관찰사에게 길재의 자손 중에 재주와 행실이 있는 자를 찾아서 보고하도록 했다. 그 결과 12월 말에 길재의 아들 사순이 선산에서 상경했고, 세종은 쌀·콩·식물·의복·신발을 내려 주면서 말하기를 "내가 듣건대 사순이 서울 안에는 도움을 줄 만한 친족이 없다고 하니, 장가를 들게 하여 살아갈 수 있도록 해 주라"라고 하였다. 세종 3년 12월에도 세종은 길재의 아내에게 부역을 면제하도록 하교하였다.

세종 8년(1426) 12월에 세종은 길재를 추증追贈하라고 지시했고, 이에 따라 그 이듬해 1월 길재에게 통정대부通政大夫 사간원좌사간대부司諫院左司諫大夫 지제교知製敎 겸兼 춘추관편수관春秋館編修官이 추증되었다. 추증이라는 것은 사후에 관작을 내리는 것인데, 길재에게 관작을 추증했다는 것은 조선 정부가 고려의 신하 길재를 조선의 신하로 공식적인 인정을 했다는 의미이다.

세종 12년(1430)에 세종은 춘추관에 충신의 이름을 뽑아 보내도록 했는데, 춘추관에서 보내온 자료에 고려 말년의 충신으로 이름을 올린 사람은 길재가 유일했다. 세종은 이를 확인하고 길재를 비롯해 최영·이색·정몽주·이숭인이 어떤 인물인지 신하들과 의견을 나누었다. 다음은 『세종실록』의 기록이다.

세종: "춘추관에서는 충신의 성명을 벌써 뽑아 보냈느냐?"

설순偰循: "고려의 말년에는 주서였던 길재뿐입니다."

세종: "태종께서 길재를 부르시자 그는 『시경詩經』 한 편을 강
　　　의하고 돌아갔으니, 이는 스스로 기자箕子가 홍범洪範을
　　　진술한 것에 견준 것이다. 당시에 『시경』을 아는 사람이
　　　그렇게 없어서 길재가 감히 강의를 했단 말인가. 정말 오
　　　활한 노릇이다."

안숭선安崇善: "신도 이것을 보고 오활하다고 생각했습니다."

설순: "길재는 박학한 사람이 아니고 『시경』과 『서경』을 알았
　　　을 뿐입니다."

세종: "그의 행동은 가치가 있는 것이 있기 때문에 나는 벌써
　　　사간司諫을 추증追贈하고 또 그 아들을 등용하였다."

설순: "길재는 위조僞朝에서 벼슬했습니다."

세종: "길재는 집안이 좋은 사람이었는가."

설순: "한미한 집안에서 일어났습니다."

세종: "전조의 큰 집안의 귀족들은 모두 우리 왕조에 벼슬하였
　　　는데 길재는 미천한 선비로서 벼슬하지 않았으니, 이것
　　　이 어려운 일이다. 그것은 도연명과 비슷하지 않은가. 도
　　　연명은 작은 벼슬로 진晉에 벼슬하지 않았다. 그러므로
　　　그의 행적은 마땅히 선양하여 후세에 전해야 될 것이다."

세종, 설순, 안숭선 세 사람은 길재에 대해 정제되지 않은 언어로 솔직하게 서로의 생각을 나누었다. 위 대화에서 세종은 길재의 절의를 가치 있고 선양해야 할 것으로 이해했다는 것을 다시 확인할 수 있다. 이 대화는 그 진솔함으로 인해 길재에 대해 몇 가지 귀중한 정보를 제공해 준다.

　　첫째는 길재가 이방원의 부름으로 서울에 왔을 때 그에게 『시경』을 강론했다는 사실이다. 두 번째는 세종과 안숭선이 그와 같은 행위를 사리에 어둡고 세상 물정을 모르는 것으로 못마땅해 했다는 것이다. 세종은 아마도 길재에게 실현 가능한 정책이나 구체적인 정치운영 방책을 기대했던 것으로 보인다. 세 번째는 길재가 『시경』과 『서경』에 조예가 있었으나, 그럼에도 박학하다는 평가를 받지는 못했다는 것이다.

　　세종은 길재의 절의를 높이 평가하면서도 그를 맹목적으로 추존하지는 않았다. 이는 『세종실록』 13년 3월 기사에서 확인된다. 세종은 경연에서 오랑캐 나라인 금나라가 망할 때도 절의를 지키다 죽은 사람들이 많았는데 고려 말에는 충신과 의로운 선비가 아주 적었음을 아쉬워하며, "유독 정몽주·길재가 능히 옛 임금을 위하여 절개를 굳게 지키고 고치지 않았기 때문에 뒤에 벼슬을 추증했던 것이다"라고 하였다. 그러나 이 말에 이어서 곧바로 "정몽주는 순수하고 독실하지만 길재는 모난 데가 있다. 나의 생각으로는 길재는 정몽주에 비해 약간의 간격이 있다"라고 하였다. 세종은 길재를 정몽주와 더불어 절개를 지킨 사람으로 보면서도 모난 데가 있는 사람으로 평가했다. 모난 데가 있다는 것은 원만하지 않다는 뜻으로, 타협을 모르는 그의 올곧은 성격을 지적한 것으로 생각된다.

조선왕조가 실시한 길재 선양 사업의 결정판은 『삼강행실도 三綱行實圖』의 「충신도忠臣圖」에 길재를 수록한 일이다. 세종 13년 세종은 부제학 설순에게 「충신도」에 정몽주와 길재의 얼굴을 그리고 찬양하는 글을 짓도록 하라는 지시를 내렸다. "정몽주는 죽기까지 절개를 지키고 변하지 않았으며, 길재는 절개를 지켜 마음을 변하지 않고 상소해서 물러가기를 청했다"는 것이 그 이유였다. 그 결과 정몽주는 '정몽주의 죽음' (夢周殞命), 길재는 '길재의 곧은 절의' (吉再抗節)이라는 제목으로 「충신도」에 편입되었다.

다음은 『삼강행실도』의 「충신도」에 소개된 길재의 모습이다.

고려 공양왕 1년(1389) 겨울에 주서 길재가 벼슬을 버리고 집으로 돌아갔다. 정종 2년에 공정대왕恭定大王(태종)이 동궁에서 부르므로 길재가 가니, 정종 임금께 아뢰어 봉상박사奉常博士를 제수했다. 길재가 동궁께 사직할 뜻을 아뢰자 공정대왕은 "그대의 말은 실로 강상에 관한 것이다. 다만 부른 사람은 나이지만, 벼슬을 내리신 분은 전하이시니 전하께 사직함이 당연하지 않은가" 하였다.

『삼강행실도』「충신도」 중 길재항절도

길재는 이내 글을 올리되, "길재는 신씨의 조정에 급제하여 문
하주서가 되었습니다. 신하는 두 주인을 섬기지 않아야 하니
시골로 돌려보내 주시어 노모를 봉양하고 두 성의 임금을 섬
기지 않으려는 뜻을 이루게 해 주십시오" 하였다.

다음날 정종 임금께서 경연에 나와 경연사 권근에게 물었다.
"길재가 절개로 항거하여 굴복하지 않으니, 이런 경우에 옛사
람은 어떻게 처리하였는가?" 권근이 대답하길, "엄광이 굴복

하지 않았으나 광무는 받아들였습니다. 길재가 만약 간다고 하면 고이 돌려보내어 자신의 지조를 지키도록 해 주심이 옳습니다" 하였다. 이에 정종께서 즉시 돌아갈 것을 허락하고, 그 집의 세금과 부역을 면제시켜 주었다. 태종 18년(1418)에 정종의 명령을 받들어 그의 아들에 벼슬을 내렸다. 세종 8년(1426)에 좌사간대부를 추증하였다.

『삼강행실도』는 세종 16년(1434) 직제학直提學 설순偰循 등이 왕명에 의하여 삼강 즉 군신·부자·부부 사이의 인륜에 모범이 될 만한 사례를 뽑아서 그림을 곁들여 소개한 책이다. 이 책에는 우리나라와 중국의 충신·효자·열녀가 각각 35명씩, 모두 105명이 모범 사례로 수록되어 있다. 세종이 이 책의 편찬을 명하면서 "어리석은 사람들도 모두 보고 느끼고 감동하게 될 것이니, 또한 백성을 교화하고 습속을 아름답게 하는 한 가지 방법이다"라고 한 데서 알 수 있듯이, 이 책은 유교 윤리를 널리 보급할 목적으로 만든 일종의 도덕 교과서였다. 길재는 정몽주와 더불어 도덕 교과서에 수록됨으로써 어린 학생들의 가슴에 충절의 의지를 새겨 넣는 충신 또는 절개의 표상으로 거듭나게 되었다.

훗날 성진선成晋善은 영당影堂에 고하는 글에서 정몽주와 길재의 충절에 대해 다음과 같이 비교하였다.

아, 나는 고려가 망할 때 포은과 야은 두 군자를 얻었다. 그러나 포은은 나아가서 죽었고 야은은 물러나 살았다. 그 죽음과 삶, 나아감과 물러남이 다른 것은 무슨 까닭인가? 포은은 대신이었기에 의義를 버릴 수 없었고, 그래서 나라가 망하자 함께 죽었다. 야은은 낮은 관직에 있었기 때문에 기미를 보고 일어나 몸을 보전하였다. 그러나 그 의義는 하나이다. 옛날 송나라가 망하자 문산文山(文天祥)과 첩산疊山(謝枋得)에게 우리나라 두 선생의 의義가 있었다. 포은과 야은 두 선생이 어찌 다르겠는가?

길재 추숭 사업은 세종 이후에도 지속되었는데, 심지어는 연산군이 홍문관 관원들에게 '길재의 높은 절개는 두 가지 마음이 없었다'는 주제로 시를 지어 바치도록 했을 정도이다. 이에 따라 선조 때에는 길재를 모신 서원이 건립되기에 이른다. 선조 8년(1575)에는 길재를 모신 금오서원에 액자와 서책이 하사되었으며, 선조 18년(1585)에는 그의 묘소 앞에 오산서원이 세워졌다. 인조 2년(1624)에는 예관을 보내 사당에 제사지냈고, 현종 10년(1669)에 오산서원을 사액할 때 역시 예관을 보내어 제사를 지내도록 하였다. 숙종 33년(1707) 가을에 숙종은 길재의 절의를 생각하여 특별히 오언시五言詩를 손수 지어 내리면서 후손 진귀震龜를 청하현감에 임명하였다. 다음은 이때 숙종이 지은 오언시이다.

금오산 기슭에 돌아와 누웠으니	歸臥烏山下
맑은 풍모 엄자릉이네.	淸風比子陵
임금께서 그 아름다움을 이루게 했으니	聖主成其美
사람들에게 절의를 권장함이었네.	勸人節義興

영조는 영조 15년(1739)에 예관을 보내어 제사를 지내도록 했으며, 영조 17년(1741)에 충절忠節이라는 시호를 내렸다. 영조는 44년(1768) 5월에 태종의 기일을 맞아 다음과 같이 하교하면서 손수 제문을 지어 금오서원에 제사하도록 하였다.

고려 문하주서門下注書 길재의 사적을 일찍이 『삼강행실』에서 보았는데, 태종 임금과는 성균관에서 같이 공부를 하였으며, 두 차례 올린 상소에는 그의 마음이 우주에 뻗어 있었다. 정종과 태종 두 성상께서 특별히 그의 요청을 허락하신 것과 그가 기풍을 세워 세속을 권면한 훌륭한 덕이야말로 몇 백 년의 뒤에도 모르는 사이에 존경심을 자아낸다. 어찌 고려만의 충신일 뿐이겠는가? 그는 우리 태종 임금과 태학에서 공부한 옛 친구였다. 오늘날 이를 듣고 어찌 뜻을 표하는 일이 없어서야 되겠는가? 예관을 보내어 특별히 금오서원에 제사를 지내도록 하라. 제문을 지어 내릴 것이다. 그리고 그의 제사를 받드는 후손은 해조該曹로 하여금 등용하도록 하고 그의 문집도 들여

오도록 하라.

정조 역시 22년(1798) 9월에 몸소 제문을 짓고 승지를 보내
금오서원에 제사하도록 하였다. 또한 순조는 숙종의 시를 차운
하여 시를 짓기도 하였다. 이렇듯이 길재는 세종 때 통정대부 좌
사간에 추증되고 『삼강행실도』에 수록됨으로써 조선왕조로부터
절의를 지킨 사람으로 공식적인 인정을 받았다. 그 이후 조선왕
조가 막을 내릴 때까지 길재는 정몽주와 더불어 절의의 상징으로
변함없는 지위를 누렸다.

2. 조선 주자학의 도통과 길재

1) 정몽주와 김굉필의 문묘종사 추진

길재에 대한 조선 유학자들의 인식은 중종 대에 이르러 약간 다른 면모를 보인다. 중종 대 들어 사림들의 정계 진출이 활발해지고 그들의 정치적 발언권이 점차 확대되어 감에 따라 길재는 조선 주자학의 도통道統을 이어 준 인물로 새롭게 자리매김 되기 시작했다. 이는 길재에게 충절의 표상이라는 의미 이외에 도통의 전승자라는 새로운 의미가 부여되었음을 의미한다.

길재에게 도통의 전승자라는 의미를 처음 부여한 사람은 중종 대 사림의 영수였던 조광조趙光祖이다. 조광조가 관직에 진출

조광조 초상

한 것은 그의 나이 34세 때인 중종 10년(1515) 8월이었다. 이 무렵 집권 10년 차에 접어든 중종은 비대해진 훈구 세력을 견제함과 동시에 자신의 독자적인 국정 운영을 위해 새로운 정치 동력이 필요했다. 이에 중종은 조광조를 비롯해 사림 세력을 중용하기 시작했고, 그 결과 사림 세력은 일시적이나마 중종의 도움 아래 훈구 세력을 어느 정도 견제할 수 있을 만큼 정치적 힘을 키우는 데 성공했다.

그 과정에서 사림파에게 절실했던 것은 자신들의 정치적 권위를 밑받침할 학문적·이념적 정통성의 확보였다. 그들이 정몽주를 문묘文廟에 종사하고 정몽주에서 시작하는 조선 유학의 도통을 확립하고자 했던 것도 이러한 이유에서이다. 정몽주를 문묘에 종사한다는 것은 어떤 의미가 있을까? 문묘는 공자孔子의 위패를 모셔 놓고 제사지내는 공자의 사당으로, 여기에는 공자뿐 아니라 공자의 제자 등 여러 성현들의 위패가 함께 모셔져 있다. 서울 명륜동에 자리하고 있는 성균관의 문묘가 대표적이지만, 이 이외에도 234개에 달하는 지방의 향교마다 문묘가 설치되어 지금까지 남아 있다. 조선시대에는 학생을 양성하는 교육 기능과 성현을 모시는 제사 기능이 결합되어 있었다.

현재 문묘에 위패가 모셔진 성현은 공자를 포함해 모두 39명이다. 39명의 성현이란, 공자 이외에 4성聖(안자 · 증자 · 자사 · 맹자)과, 공자 문하의 10철哲(민손 · 염경 · 염옹 · 재여 · 단목사 · 염구 · 중유 · 언언 · 복상 · 전손사), 송나라의 6현(주돈이 · 정호 · 정이 · 소옹 · 장재 · 주희), 우리나라의 18현(설총 · 최치원 · 안유 · 정몽주 · 김굉필 · 정여창 · 조광조 · 이언적 · 이황 · 김인후 · 이이 · 성혼 · 김장생 · 조헌 · 김집 · 송시열 · 송준길 · 박세채)을 말한다. 어떤 인물이 문묘에 종사된다는 것은 그가 이처럼 성현의 반열에 듦과 동시에 후대인들에게 모범적인 인물로 존경의 대상이 된다는 것을 뜻한다.

정몽주의 문묘종사를 추진한 사람들은 조광조를 비롯한 사림파였다. 그들은 조선을 도학의 나라로 만들겠다는 분명한 목표를 가지고 있었다. 그들이 목표 달성을 위해 구사한 전략은 충절과 학문으로 높이 평가 받는 정몽주를 우리나라 도학의 시조로 규정하고, 그를 문묘에 종사하는 것이었다. 사림들에게 정몽주의 문묘종사는 정몽주로부터 자신들로 이어지는 도학의 계보를 공인받는다는 의미가 있었다.

이는 그들이 조광조의 스승이자 사림의 정신적인 지주였던 김굉필金宏弼의 문묘종사를 추진한 데서 확인된다. 조광조가 관직에 진출한 이후 사림들은 정몽주뿐만 아니라 김굉필도 함께 문묘에 종사하자는 주장을 제기했다. 사림파가 김굉필의 문묘종사를 주장하고 나선 것은 자신들의 구상을 분명하게 하기 위해 꺼내든 전략적인 카드였다.

중종 12년(1517) 8월 성균 생원 권전權磌 등은 정몽주와 김굉필의 문묘종사를 건의하는 상소를 하였다. 여기서 그들은 요순-공자-맹자-주돈이-이정-주희로 이어지는 도통이 우리나라에서는 정몽주-김굉필로 이어진다는 도통론을 제시하였다. 그들의 주장에 따르면, 정몽주는 주자학의 이론을 정확하게 이해하고 충효의 큰 절개를 가졌을 뿐만 아니라 주자학적 의례를 충실하게 따랐고 학교를 세워 교육에 힘쓴 사람이다. 유학의 도를 밝히고 그 도를 후학에 전한 공로가 있는 유일한 사람이라는 것이 당시 젊은 학자들이 이해한 정몽주의 모습이었다. 정몽주는 도학을 우리나라에 도입하고 널리 보급했으므로 그 공로가 매우 크며, 따라서 그를 문묘에 종사해야 한다는 것이 이들의 주장이었다. 이어서 이들은 김굉필에 대해서는 다음과 같이 주장하였다.

> 도를 자신의 임무로 삼아 은연히 멀리 정몽주의 계통을 잇고
> 깊이 염濂 · 락洛의 연원을 찾은 사람은 김굉필 이 사람입니
> 다.······ 정몽주 · 김굉필을 문묘에 종사하여 만세토록 이어갈
> 우리나라 도학의 중대함을 밝혀서 이 백성이 으뜸으로 삼아
> 따를 바가 있는 줄 알게 하십시오.

물론 주희가 집대성한 도학을 우리나라에 받아들인 사람이 정몽주라는 주장은 새로운 것이 아니다. 그런데 권전 등은 한 걸음 더 나아가 정몽주의 도학을 이은 사람이 김굉필이라고 주장하고 나선 것이다.

사실 세종 대만 하더라도 우리나라의 도통은 이제현－이색－권근으로 이어진다는 주장이 유력했다. 세종 15년(1433)에 김반金泮이 이제현 · 이색 · 권근을 문묘에 종사할 것을 청하면서, "최치원 · 설총 · 안향 이후에 오직 이제현이 도학을 처음 밝혔고 이색이 실로 그 정통을 전했는데, 신의 스승 권근이 홀로 그 종지를 얻었습니다"라고 하여 이제현－이색－권근으로 이어지는 도통론을 제시했던 것이 한 예이다. 세종 18년(1436)에도 성균 생원 김일자金日孜 등이 "성명의 이치가 천하에 밝혀진 것은 공자와 맹

자의 공이며, 공맹의 도학이 우리나라에 실행된 것은 이제현·이색·권근 세 분의 공"이라면서 이들을 문묘에 종사하자고 주장했다. 반면에 정몽주가 문묘종사자로 처음 거론된 것은 세조 때이며, 그가 이제현·이색·권근 대신에 유력한 문묘종사 후보자로 인정받은 것은 성종 때 와서이다. 이 무렵에 이제현·이색·권근은 오히려 문묘종사에 적절하지 않은 인물로 인식되기 시작했다.

중국의 도통이 요순―공자―맹자―주돈이―이정―주희로 이어지고, 그것이 우리나라에서는 정몽주―김굉필로 이어진다는 주장은 우리나라의 도학이 이제현―이색―권근으로 이어진다는 세종 때의 것과 명백하게 구분되는 새로운 도통론이다. 많은 논란 끝에 결과적으로 정몽주는 중종 때 문묘에 종사되지만 김굉필은 그렇지 못했다. 그러나 김굉필의 문묘종사를 추진했던 사림파는 최소한의 목적을 달성했다. 그들은 김굉필의 문묘종사 추진 과정에서 우리나라의 도학이 정몽주를 거쳐 김굉필로 이어진다는 것을 널리 알렸고, 이는 곧 정몽주로부터 시작되는 우리나라의 도통이 자신들에게 이어지고 있음을 선언한 것이기 때문이다.

조광조를 중심으로 한 사림파 학자들이 정몽주를 문묘에 종사하려고 했던 것은 그가 단순히 고려의 충신이었기 때문만은 아니었다. 충의 덕목이 효와 더불어 도를 실천하는 가장 기본적인 방법 가운데 하나이므로 그의 충절이 만인의 귀감이 된다는 것은 분명하다. 하지만 사람들이 정몽주에게서 발견한 것은 그의 충절만이 아니라 그가 우리나라 주자학(理學)의 시조라는 점이었다. 고려 말의 대학자 이색이 정몽주를 우리나라 리학의 시조로 평했고, 그것이 『고려사』에 기록됨으로써 정몽주는 일찍이 우리나라의 리학의 효시로 인정받은 셈이었다. 따라서 그를 문묘에 종사한다는 것은 그가 우리나라 도학의 시조임을 공식화하는 것일 뿐만 아니라 도학의 계보, 즉 도통을 공식적으로 인정한다는 의미가 된다.

2) 길재와 조선 주자학의 도통

김굉필이 정몽주의 도학을 계승했다는 주장이 좀 더 설득력을 갖기 위해서는 그 두 사람 사이에 놓여 있는 시간의 간극을 메워야 한다. 정몽주는 1337년에 태어나 1392년에 죽었으므로 1454에 태어난 김굉필이 그에게 직접 배웠을 가능성은 전혀 없다. 그렇다면 그 두 사람 사이에서 도의 전승을 매개한 매개자가 있어야 한다. 그래서 탄생한 것이 우리나라의 도통이 정몽주—길재—김숙자—김종직—김굉필—조광조로 이어진다는 도통론이다.

정몽주에서 김굉필로 이어지는 도통에 길재가 포함된 것은 조광조에 의해서이다. 조광조는 중종 13년(1518) 4월 어느 날 경연에서 다음과 같이 말하였다.

> 김종직은 처음에 길재에게 배웠는데, 길재는 곧 정몽주의 문
> 인입니다. 그러므로 김종직이 전한 학문은 진실로 그 근원이
> 있는 것입니다. 지금 조금이라도 선행을 할 줄 아는 사람들은
> 그의 문하에서 공부를 했습니다.

이 당시 조광조를 비롯한 젊은 사림들의 다수는 김굉필의 문인이었고, 김굉필은 김종직에게서 배웠다. 조광조가 정몽주에서 길재를 거쳐 김종직으로 이어지는 학문적 계보를 언급한 것은, 결국 자신들의 학문과 이념이 정몽주를 계승한 것임을 천명한 것이다. 조광조에 의해서 정몽주-길재-김종직-김굉필의 도통이 정립된 셈인데, 이로써 길재는 단순히 절의를 지킨 사람이 아니라 정몽주로부터 도통을 이어받아 그것을 김종직, 나아가 조광조 일파에게 전해 준 도통의 전승자로 거듭나게 되었다.

정몽주-길재-김숙자-김종직-김굉필-조광조라는 우리나라 도학의 계보는 기대승에 의해 확립된 것으로 알려져 있다. 실제로 기대승은 선조 2년(1569) 윤6월 경연에서 우리나라의 학문이 전해진 순서에 대해서 거론하면서 위의 도통을 언급한 적이 있다. 하지만 정몽주-길재-김숙자-김종직-김굉필-조광조

김종직 신도비각(경남 밀양 소재)

로 이어지는 계보는 중종 말엽에 이미 확립되었던 것으로 보인
다. 이는 중종 39년(1544) 5월 성균관 생원 신백령辛百齡 등이 조광
조의 신원을 요청하면서 한 말에서 확인할 수 있다.

우리 도가 동방으로 온 지 오래인데 또한 전승이 있었습니다.
대개 조광조는 김굉필에게서 얻었고, 김굉필은 김종직에게서
얻었고, 김종직은 전조의 신하 길재에게서 얻었고, 길재는 정
몽주에게서 얻었습니다. 주돈이와 정호 · 정이의 흐름을 거슬

러 올라가 공자·맹자의 근원을 탐구하고, 안회·민손이 배우
던 것과 이윤의 뜻하던 것을 자기 자신이 하기로 한 사람이니
과연 어떻습니까? 진실로 정몽주 이후에 이 사람 하나뿐입니다.

우리나라의 도통이 정몽주-길재-김종직-김굉필-조광
조로 이어진다는 것이다. 김숙자가 빠져 있긴 하지만, 김숙자와
김종직이 부자관계라는 것을 감안하면 조선시대 도학의 계보는
사실상 이 글에서 확립되었다고 해야 할 것이다.

김숙자金叔滋가 포함된 더 온전한 형태의 도통론은 『인종실
록』에서 확인된다. 인종 1년(1545) 3월 성균관 진사 박근朴謹 등은
조광조의 신원을 요청하면서 다음과 같이 말하였다.

아, 조광조의 학문이 바른 것은 전해 온 데에 유래가 있습니다.
어려서부터 결연하게 도를 구하겠다는 뜻이 있어서 김굉필에
게 배웠습니다. 김굉필은 김종직에게 배웠고, 김종직의 학문
은 그 아버지 김숙자로부터 전해졌고, 김숙자의 학문은 고려
의 신하 길재로부터 전해졌고, 길재의 학문은 정몽주로부터
전해졌습니다. 정몽주의 학문은 실로 우리 동방의 시조이니,
그 학문의 연원이 이러합니다.

조선을 도학의 나라로 만들겠다는 사림들의 원대한 기획은

기묘사화로 많은 사람들이 죽임을 당하거나 권력으로부터 축출
되면서 실패하고 말았다. 하지만 그들이 뿌린 씨앗마저 사라진
것은 아니었다. 중종 말년에 이르러 기묘사화 희생자들에 대한
재평가가 필요하다는 의식이 싹트기 시작했고, 조광조의 신원을
요청하는 주장이 대두되기 시작했다. 박근은 조광조의 신원을
요청하면서 조광조 등 사림파의 좌절에 대해 "뜻이 있는 선비라
면 누구인들 하늘을 우러러 탄식하고 가슴을 치면서 피눈물을 흘
리지 않을 수 있겠습니까?"라고 하였다. 조선을 도학의 나라로
만들려던 조광조의 지치주의 기획은 그의 죽음과 함께 끝나 버린
것이 아니었다.

그렇다면 사림의 주장대로 길재가 과연 정몽주에게서 배웠
을까? 길재의 제자 박서생이 쓴 길재의 「행장」을 보면, 길재가
18세 때 상경하여 이후 "이색 · 정몽주 · 권근 등 여러 선생의 문
하에 드나들면서 비로소 높은 수준의 학문을 들었다"라고 되어
있다. 길재는 22세 때인 공민왕 23년(1374)에 국자감에 들어가 생
원초시에 합격했는데, 이 무렵 이색은 국자감의 대사성이었고
정몽주와 권근은 사업司業으로 있었다. 그러므로 길재가 이색 ·
정몽주 · 권근의 문하에서 배웠다는 「행장」의 기록은 근거가 분
명하다.

다른 자료에서도 길재가 이색 · 권근과 밀접한 관계를 맺었
다는 것을 충분히 확인할 수 있다. 길재는 사직하고 낙향하는 길

에 장단에 머물고 있던 이색을 찾아 가서 하룻밤을 묵었고, 이때 이색으로부터 격려의 말을 듣고 시까지 받았다. 더욱이 이색의 문집에서는 이날의 일을 기록하면서 길재를 문생門生이라고 칭하고 있다. 이것으로 보자면 그 두 사람을 넓은 의미에서 사제관계라고 해도 큰 무리가 아니다. 권근과의 관계는 더욱 분명하다. 권근은 "내 문하에서 학문을 연마하는 사람이 얼마 있지만, 그 중에서 길재가 제일이다"라고 하여 둘 사이의 학문적 수수관계를 분명히 했다. 특히 권근이 세상을 떠났을 때 길재가 3년 동안 심상을 함으로써 제자의 예를 다했다는 것은 길재가 권근을 스승으로 모셨음을 상징적으로 보여 준다.

이에 반해 정몽주와 길재의 사승관계는 둘 사이의 개인적인 관계를 직접적으로 증언해 주는 자료가 없기 때문에 의심하는 견해가 많다. 그럼에도 불구하고 앞에서 본 것처럼 길재가 성균관(국자감)에서 정몽주에게 배웠다는 것만큼은 인정할 수 있다. 뿐만 아니라 정몽주 · 박천익 · 길재 세 사람의 관계를 유념해 볼 필요가 있다. 송은 박천익은 정몽주 · 길재 등과 더불어 이른바 9은으로 일컬어질 만큼 고려왕조에 절의를 지킨 인물이다. 길재가 「송은화상찬松隱畫像讚」을 지어 박천익이 리학의 종주로서 도의道義가 엄숙하다고 칭찬한 것에서 보듯이 길재와 박천익은 매우 가까운 사이였다. 정몽주 역시 박천익의 화상을 보고 시를 지었고, 길재는 또다시 정몽주의 시에 차운하여 「차포은박송은화상운次

圃隱朴松隱畫像韻」을 지었다. 이것으로 보아 세 사람 사이에 인간적인 유대가 매우 끈끈했을 것으로 짐작된다.

한편 『송경지松京志』에는 "정몽주가 죽기로 맹세한 날 박천익을 불러 울면서 말하길 '죽고 사는 것을 천명이라고 하지만 나는 홀로 죽어 우리 임금에게 돌아갈 것이다. 나를 알아 줄 사람은 박천익 · 이색 · 길재일 것이다' 하였다"라고 기록되어 있다. 이것은 비록 후대의 기록이긴 하지만 정몽주와 길재를 학문적인 수수 관계로 연결시키지 않고 박천익 · 이색과 더불어 고려에 대한 충절의 범주로 묶었다는 점에서 주목해 볼 만하다. 또 길재는 고용현高用賢을 애도하는 글인 「뇌고야수문영공誄高野叟文英公」에서 "명망은 이색과 같고 학문은 정몽주와 같다"라고 한 바와 같이 정몽주의 이름을 직접 거론하는 경우도 있었다.

이상으로 보자면 길재가 정몽주에게서 배웠다는 주장이 전혀 근거가 없는 것은 아니다. 특히 그 두 사람이 저마다 의리를 지키고자 했던 사람으로서 조선 초부터 절의의 상징으로 부각되어 왔던 만큼, 그 두 사람을 도학이라는 기준으로 묶어서 이해하는 것이 크게 문제될 것은 없다. 두 사람이 견지했던 의리정신의 밑바탕에는 주자학적 의리의 실천이라는 공통의 신념이 자리하고 있었기 때문이다. 다만 정몽주는 창왕의 폐위에 직접 관여했고, 길재는 그 무렵에 사직하고 낙향했다. 비록 두 사람이 모두 고려의 충신으로 기록되고 있지만, 이유야 어찌 되었든 현실 정

치에서 그들의 선택이 서로 달랐다는 것만큼은 분명히 기억해야
할 것이다.

3. 『소학』 실천과 사림파의 정체성

길재가 선산에 은거하면서 주로 했던 일은 책을 읽고 학생들을 가르치는 일이었다. 성현成俔의 기록에 따르면, 길재는 "그 고을 안의 여러 학도를 불러 모아서 두 개의 공부방(齋室)으로 나누어 상재에는 양반집 자제를, 하재에는 천족을 두고, 경전과 사서를 가르치며 부지런함과 게으름을 시험하니 수업하는 자가 매일 백 명을 헤아렸다"라고 하였다. 매일 백 명을 헤아릴 정도로 많은 학생들이 찾아왔는데, 그 가운데 한 학생이 김숙자였다.

길재와 김숙자의 관계는 김숙자의 아들 김종직의 기록에 나와 있다.

공(김숙자)의 나이 12~13세에 이르렀을 때이다. 이때 길재 선
생이 일찍이 고려에서 벼슬을 했던 관계로 본 왕조에서는 녹
봉을 사양하고 여러 차례 부름을 받고도 나아가지 않았다. 선
생은 금오산 밑에 집을 짓고 자제들을 가르쳤는데, 아동들이
구름처럼 모여들었다. 선생은 쇄소응대灑掃應對의 절차로부터
도무영가蹈舞詠歌에 이르기까지 다 가르치되, 등급을 뛰어넘
지 못하게 하였다. 공도 또한 가서 공부를 하였다.

김종직은 길재와 김숙자 사이에 있었던 교육 내용과 교육 과
정, 즉 "쇄소응대灑掃應對의 절차로부터 도무영가蹈舞詠歌에 이르
기까지 다 가르치되, 등급을 뛰어넘지 못하게 했다"라는 점에 주
목했다. 길재가 김숙자에게 가르친 것은 심원한 천리가 아니라
쇄소응대로부터 시작되는 『소학小學』 공부였음을 확인할 수 있
다. 『세종실록』의 길재 졸기에서도 "집안에 양식이 자주 떨어져
도 늘 흔연하여 조금도 염려하는 기색이 없었으며, 학도를 가르
치되 효제충신孝悌忠信과 예의염치禮義廉恥를 먼저 가르쳤다"라고
하였다. 역시 길재의 교육에서는 무엇보다 일상적인 실천, 즉 소
학의 실천이 중요했다.

한편 김종직은 김숙자의 교육에 대해서 다음과 같이 증언
했다.

어린아이들을 가르칠 때는 먼저 『소학』을 가르쳐서, 어버이를
사랑하고 어른을 공경하며 스승을 높이고 벗들과 서로 친하게
지내는 데 종사하여 그 근본을 함양하게 한 다음에야 다른 글
을 읽도록 허락했다.

김숙자는 어린 학생들에게 『소학』을 가르치고 그 『소학』을
실천하도록 가르쳤다. 길재에서 김숙자─김종직으로 이어지는
학문의 중심에는 『소학』이 있었음을 확인할 수 있다.

김종직은 김굉필에게 『소학』을 주면서 "진실로 학문에 뜻을
두었다면 마땅히 이것으로부터 시작해야 한다"고 권고하였다.
김굉필은 소학동자로 자처할 만큼 『소학』 공부와 실천에 힘썼다.
"문장에 힘썼는데도 천기天機를 알지 못했는데, 『소학』에서 어제
의 잘못을 깨달았네"라고 했듯이, 김굉필이 사장학에서 도학으
로 학문의 방향을 전환하게 된 결정적인 계기가 바로 『소학』 공
부였다. 한편 이 시기에는 남효온·강응정·정여창·박연 등이
무리를 만들어 항상 『소학』의 도를 행한다는 명분으로 이론異論
을 숭상한다는 비난이 제기되기도 했고, 남효온이 소학계小學契
를 만들어서 붕당을 이루었다는 비판도 있었다.

『소학』은 1187년 유청지와 주희가 오륜을 비롯해 일상생활
에서 지켜야 할 몸가짐과 마음가짐을 논한 글들을 뽑아 만든 성
리학적 일상 규범서이다. 고려 말에도 일부 학자들이 『소학』 공

부에 힘썼다는 기록이 있지만, 조선 초까지만 해도 길재의 경우와 같이 몇몇 예외를 제외하면 이 책이 진정한 실천의 단계로까지 심화되지는 않았다. 태종 7년에 권근이 인륜·세도에 매우 간절한 것이 바로『소학』임에도 지금의 학자들은 모두 익히지 않는다면서『소학』을 널리 읽힐 방도를 제시한 것이 그 방증이다. 그 이후『소학』은 생원·진사 복시의 응시를 위한 필수 시험과목의 하나로 법제화됨으로써 과거를 준비하는 사람들이 꼭 읽어야 할 필독서가 되었다. 그럼에도 불구하고 세종 대만 하더라도『소학』 공부가 과거를 보기 위한 요식적인 행위에 불과하다는 지적이 여러 차례 제기된 것에서 알 수 있듯이『소학』의 내용을 마음으로 이해하고 몸소 실천하는 사람은 많지 않았다.

이러한 현상은 사림파가 본격적으로 정치 활동을 시작하는 성종 대에 와서 조금씩 변화되기 시작한다. 성종은 지속적으로『소학』교육을 강조하고 또 경연에서『소학』을 강학하는 것이 마땅하다고 주장하는 등,『소학』의 실천과 보급에 적극적이었다. 그 결과 집집마다『소학』을 비치할 정도였고, 특히 김굉필·정여창 등 김종직 문하의 일부 사림파 학자들은『소학』을 읽는 데 머물지 않고 몸소 실천하는 단계로까지 나아갔다.

조광조 시대의 사림파의 도학 역시『소학』을 바탕으로 한 것이었다. 『중종실록』에서는 조광조·김식·박훈에 대해, "세 사람은 뜻이 같아서 공리功利에 급급하지 않고 성현의 학문에 뜻이

있었다. 항상 『소학』을 읽어 그 행실을 조신하게 했고 헛된 논의
에도 꺾이지 않았으니, 사람들이 매우 사랑하고 소중히 여겼다"
라고 하였다. 이는 훗날 신백령이 조광조의 신원을 요청하면서
교화와 풍속이 쇠퇴한 원인으로, 조광조가 죽고 『소학』 교육이
다시 이루어지지 못했다는 것을 든 데서도 짐작할 수 있다. 김안
국은 "옛사람이 이르기를 '『소학』이란 책을 부모같이 사랑하고
신명같이 공경한다' 하였는데, 방심하지 않고 덕성을 기르는 데
는 이보다 더한 것이 없습니다"라고 하였다. 이처럼 『소학』 실천
을 사림파의 주요 특징으로 규정짓는 것은 사림들의 공통적인 인
식이었다.

　조광조, 나아가 사림파 학자들에게 있어 『소학』 실천은 바로
의리와 이익을 가르고 군자와 소인을 나누는 경계였다. 결국 『소
학』 실천은 사림파를 하나로 묶는, 달리 말해 사림파의 정체성을
확보하는 매우 중요한 수단인 동시에 훈구 세력을 비판하고 공격
하는 강력한 무기이기도 했다.

　성종에서 중종에 이르기까지 조선 전기 사림파의 학문적·
실천적 정체성은 『소학』 공부와 『소학』 실천에 있었다고 할 수
있을 만큼 그들에게 『소학』은 중요한 의미를 갖는다. 『소학』 공
부와 이에 대한 실천은 길재-김숙자-김종직-김굉필-조광조
로 이어지는 사승관계의 핵심이라고 할 만하다. 이렇게 보면 길
재가 『소학』 실천이라는 사림파의 정체성 형성에 큰 역할을 했다

고 해야 할 것이다.

　결과적으로 길재는 절의를 지킨 사람인 동시에 도학의 발전에 공을 세운 사람이라는 이중적인 의미를 갖게 되었다. 이 이중적인 의미는 정조가 직접 쓴 제문에서 잘 드러난다.

　　우뚝 솟은 저 금오산 그 높이 천 길이라.
　　그 가운데 큰 선비 있어 몸은 도에 맡기었네.
　　곧은 절개 뜻 못 펴고 낭관으로 묻혔구려.
　　용이 일어나는 때를 만나 기린같이 몸을 감추었네.
　　두 번 불러 겨우 왔다 한 번 읍하고 물러갔네.
　　……
　　서산에서 고사리 캐고 동문 밖에 오이 심고
　　구름 가에 높이 나는 기러기 자고 깨면 노래하네.
　　……
　　내 진작 흠모함은 충忠만이 아니네.
　　회헌晦軒과 포은이 도를 동으로 가져와서
　　뭇 선비를 창도함이 정자와 주자라면
　　길재 공은 그 사이에 나예장羅豫章과 이연평李延平이네.
　　사문斯文의 표본이고 정학正學의 연원이라
　　은미한 말 아득히 멀지만 밝은 빛 아직 밝고
　　……

제6장 길재의 발자취

길재는 세종 8년(1426)에 좌사간대부에 추증되고, 『삼강행실도』에 정몽주와 함께 수록됨으로써 조선왕조로부터 충절의 표본으로 공식적인 인정을 받았다. 더욱이 중종 시대에 접어들어서 길재는 사림들로부터는 정몽주에서 조광조에 이르는 조선 도학의 도통을 이어 준 도학자로 인정을 받았다. 이로써 길재는 충절을 지킨 충신이자 도통을 이어 준 도학자로 존경을 받았고, 영조 15년(1739)에는 충절忠節이라는 시호를 받았다. 이에 따라 길재를 기리는 사당이나 서원이 곳곳에 생겨나기 시작했다.

길재의 발자취는 주로 옛 선산과 인동을 포괄하는 경북 구미시와 충남 금산군에 분포되어 있다. 구미는 길재가 나고 자라서 훗날 은거 생활을 한 곳으로, 길재의 묘소를 비롯해 금오서원, 오산서원, 지주비, 채미정 등의 자취가 남아 있다. 금산은 길재가 31세 때 금산에 부임해 있던 부친을 따라 갔다 이 지역에 거처하던 중랑장 신면申勉의 딸과 혼인함으로써 인연을 맺은 곳이다. 그는 혼인한 다음해에 부친이 돌아가시자 이곳에 안장하고 3년 동안 여막을 지어 시묘하였다.

길재를 모신 서원으로는 선조 5년(1572)에 금오서원金烏書院이 처음으로 건립되었고, 선조 2년(1569)에 오산서원烏山書院이 건립되었다. 광해군 9년(1617)에는 금산의 유림들이 성곡서원星谷書

院을 건립하고 김신金侁 · 윤택尹澤 · 김정金淨 · 고경명高敬命 · 조헌趙憲 등과 더불어 길재를 모셨다. 이 세 서원 가운데 현재 온전하게 남아있는 것은 구미시 선산읍에 있는 금오서원뿐이며, 오산서원은 현재 청풍재만이 남아 있다.

한편 금산에는 숙종 4년(1678)에 길재를 모신 사당인 청풍사淸風祠가 건립되었는데, 철폐와 복설이 반복되다 1928년 크게 증설 복원된 후 1977년에 청풍서원이 되었다. 청풍서원은 20세기 작품인 셈이다. 이 이외에도 길재를 기리거나 길재의 발자취가 남아 있는 유적으로는 구미 지역에 채미정採薇亭과 구인재求仁齋, 지주중류비砥柱中流碑, 율리栗里의 영당影堂, 삼강려三綱閭가 있고, 그 이외에 전남 장성군의 경현사景賢祠, 전남 장흥의 양강영당陽岡影堂, 경기 연천의 숭의전崇義殿, 경북 거창의 일원정一源亭 등이 있다. 특히 충남 공주시 동학사 경내의 삼은각三隱閣은 이색 · 정몽주와 더불어 길재를 모심으로써 길재가 삼은三隱의 한 사람으로 추앙을 받는 하나의 계기가 되었다.

* 생가 터

경상북도 구미시 고아읍 봉한리 522이다. 길재 당시 지명은 봉계로서, 마을 뒷산인 봉황산과 봉계천에서 한 음절씩 따서 지은 이름이라고 한다. 뒤로는 산이 마을을 병풍처럼 감싸고 있고 앞으로는 개천이 낙동강으로 흘러드는 전형적인 배산임수형의

삼강정려비

농촌 마을이다. 마을 안쪽 죽림사 위쪽이 길재가 나고 자란 생가
터인데, 그곳에는 그 터를 알리는 유허비만 세워져 있다. 마을 어
귀의 삼강정려각에는 이곳 출신의 충신 길재, 효자 배숙기裵淑綺,
그리고 조을생趙乙生의 처인 열녀 약가藥哥를 기리는 비와 현판이
있다.

* 묘소
경상북도 구미시 오태동 산9(지주중류4길 3-39)이다. 오태동

야은 길재 묘소

오태마을 왼편의 동북으로 뻗은 능선 상에 위치하고 있는데, 조선시대 문인 묘의 형태를 갖추고 있다. 묘의 왼쪽에는 묘비가, 오른쪽에는 석등이 있으며, 묘 앞에는 좌우로 문인상 2기가 있다. 또한 묘 앞쪽 낙동강을 내려다보는 언덕에 지주중류비가 있다.

* 금오서원金烏書院

길재의 충절과 덕행을 추모하기 위한 서원으로 현재 경상북도 구미시 선산읍 원리에 있다. 처음에는 선조 5년(1572)에 선산의 유학자 최응룡崔應龍·김취문金就文 등이 선산부사 송기충宋期忠에게 건의하여 금오산 아래에 서원을 창건하고 위패를 모셨다. 선조 8년(1575)에 금오라고 사액되었으며, 임진왜란 때 소실되었다가 광해군 원년(1609)에 지금의 위치에 복원되었다. 그 뒤 김종직金宗直·정붕鄭鵬·박영朴英·장현광張顯光이 추가로 배향되었다. 흥선대원군의 서원철폐 당시에 훼철되지 않은 47개 서원 가운데 하나이다. 경내의 주요 건물로는 상현묘尙賢廟·재실·정학당正學堂·누문樓門 등이 있다.

다음 두 글은 금오서원의 건립을 청한 글과 최응룡이 쓴 「금오서원에 봉안하는 글」(金烏書院奉安文)이다.

선산은 옛날부터 문헌의 고장으로 일컬어져 도덕과 문장이 대대로 끊어지지 않았습니다. 야은 선생 길재는 고려 말세를 당

금오서원

상현묘 현판

정학당 현판

하여 두 성을 섬기지 않고 만고에 충의의 절개를 세웠으며, 지성으로 어머니를 섬겨 자식으로서 평생 봉양하는 효도를 제창하였습니다. 포은을 스승으로 섬겨 우리나라 리학의 여파를 전해 받았으며, 학생을 가르치고 아이에게 글을 읽혀 개발된 것이 많아……이에 힘을 아우르고 자재를 모아 야은 선생이 늙도록 거주한 땅인 금오산 기슭에 서원을 창립하여, 선생으로 하여금 제사를 받게 하고 여러 학생들도 배울 곳을 갖게 하고자 합니다.

학문의 조예는 독실하고 의리는 털끝을 분석하듯 섬세하였다. 위태하고 혼란한 세상이라 깨끗한 몸으로 돌아가니, 부귀도 매혹할 수 없었고 빈천도 또한 즐거워하였다. 빈 골짜기에 고사리 캐며 한결같은 절개로 일생을 마쳤으니, 강상은 우리나라를 붙들었고 덕행은 우리 고을을 빛냈다. 사당을 세워 제사 드리니, 영혼이시여! 밝게 이르소서.

* 오산서원烏山書院

류운룡柳雲龍의 「오산서원의 대략적인 사적」(烏山書院事蹟略)에 따르면, 길재의 묘소는 고을 서쪽으로 14리 떨어진 낙동강 하류 칠진漆津의 바른편에 있다. 현재의 행정구역상으로는 경상북도 구미시 오태동 오태마을 왼편의 동북으로 뻗은 능선, 더 정확하게는 오태동 산9(지주중류4길 3−39)이다. 선조 2년(1569)에 현감 조천계趙天啓가 처음 묘소를 꾸며 작은 비석을 세우고 '고려 충신 길재의 묘'(高麗忠臣吉再之墓)라 하였다. 조천계는 또 화동산花洞山 아래에 서원을 건립하다가 끝을 마치지 못한 채 죽었다. 그 결과 몇 칸 안 되는 작은 집이, 위로는 비가 새고 곁으로는 바람이 쳐서 사람도 거처할 수 없고 혼백도 편안하지 못하였다.

선조 18년(1585) 봄에 인동현감으로 부임한 류운룡이 뜻을 같이하는 사람들과 상의하여 묘소를 정비하고 묘소 앞 오태산 기슭 나월봉 아래(지금의 오태동 산2)에 터를 잡아 원우院宇를 옮겨와 지었으며, 그 뒤에 사당을 세우고 바로 앞에 회당會堂을 세워 충효당忠孝堂이라는 현판을 걸었다. 아울러 동서에 각각 2칸의 온돌방을 두어 동을 명성明誠, 서를 직방直方이라고 하였으며, 당 아래에 또 동·서재를 세워 동쪽을 함일涵一, 서쪽을 성삼省三이라고 하였다. 또 그 앞에 5칸의 누각을 짓고 청풍淸風이라고 하였다. 그 이외에도 학생들이 거처할 방을 따로 짓고 양정養正이라고 했으며, 주위를 모두 담장으로 둘러서 전체를 오산서원吳山書院이라고 했다. 선조 21년(1588) 3월에 준공되었고, 4월 14일에 그 지역의 여러 유생들이 대거 모여 사당에 길재의 위패를 모시고 제사하였다. 그 후 광해군 1년(1609)에 오산吳山이라고 사액되었으나, 흥선대원군의 서원철폐령으로 고종 5년(1868)에 훼철된 후 청풍재만 남게 되었다.

충효당 현판

다음은 류성룡이 쓴 「오산서원에 봉안하는 글」(烏山書院奉安文)의 일부이다.

외로운 신하의 올바른 마음은 만승의 천자도 빼앗기 어렵고, 곧은 선비의 굳은 지조는 높은 벼슬도 마음에 없었다. 시끄러운 이 세상을 굽어보니 비바람에 나뭇잎 하나, 사람들은 더러 애타기도 했으나 선생은 실로 조용하였다. 장한 의기 한때의 으뜸이고 정도를 따라 일생을 바쳤으니, 참다운 지식과 독실한 행실, 그 학문은 항상 여기에 있었다. 비록 작은 말씀이 묻혀서 사라졌다 해도 큰 규범은 본받게 되었으니, 그 기강 지금

까지 밝게 빛나 일그러지지 않았다. 사람들 모두 좋아하여 먼
곳 가까운 곳 말할 것 없거늘, 더구나 이 금오산은 선생의 몸이
잠드신 곳임에랴.…… 아, 우리 선생이시여! 그 도는 분명코 떨
어지지 않으리니, 우리에게 큰 행실을 보이시고 우리를 깊은
잠에서 깨어나게 하셨다. 지금부터 영원토록 무궁할 것이다.

* 성곡서원星谷書院

길재는 금오서원과 오산서원 이외에 충남 금산의 성곡서원
星谷書院에 모셔졌는데, 이 서원은 광해군 9년(1617)에 이 지역 유
림의 뜻에 따라 길재 이외에 김신金侁·윤택尹澤·김정金淨·고경
명高敬命·조헌趙憲의 덕행과 충절을 기리기 위하여 창건되었다.
현종 4년(1663)에 성곡星谷이라고 사액되었으나, 고종 8년(1871)에
흥선대원군의 서원철폐령으로 훼철된 후 지금은 유허지만 남아
있다.

* 지주중류비砥柱中流碑

류운룡은 오산서원을 건립하면서 지주비砥柱碑라고 일컬어
지는 석비石碑를 낙동강이 내려다보이는 언덕에 세웠다. 선조 20
년(1587)에 완성된 이 비의 앞면에는 중국의 명필 양청천楊晴川의
글씨인 '지주중류砥柱中流' 네 글자가 음각되어 있는데, 본래 이
글자는 중국 백이·숙제의 사당에 있는 지주중류비의 글자를 모

지주중류비각

사하여 새긴 것이다. 비의 뒷면에는 류성룡柳成龍이 지주중류의
뜻과 그것이 후학들에게 주는 교훈을 적은 「야은선생지주비음기
冶隱先生砥柱碑陰記」가 음각되어 있다.

　류운룡은 동생인 류성룡에게 음기陰記(비 뒷면에 새긴 글)를 지
어달라고 부탁하면서, "장차 이것으로써 길재 선생의 절개를 표
하여 후세에 교훈이 되게 하려고 한다"고 하였다. '지주중류' 라
는 말은 중국 황하黃河 중류에 서 있는 마치 돌기둥과 같은 석산石
山이 황하의 탁하고 거센 물결에도 흔들림 없이 우뚝 서 있음을
의미하는데, 이는 고려왕조에 절의를 지킨 길재를 은유한 것이

지주중류비

「야은선생지주비음기冶隱先生砥柱碑陰記」

다. 원래의 비석은 홍수로 매몰되었고, 지금의 것은 정조 4년(1789)에 다시 세운 것이다.

류성룡의 음기에 따르면, 류운룡은 '지주중류'의 뜻을 묻는 류성룡의 물음에 "여기(황하의 거센 물결 속)에 돌이 있으니, 홀로 우뚝 솟고 아주 빼어나 모래와 자갈이 부딪치고 큰 파도가 덮쳐도 끄떡 없이 만고의 세월을 버티고 서 있다. 그 이름을 지주砥柱라 한다"라고 하면서 다음과 같이 말했다고 한다.

사람의 욕망이 생生보다 더한 것이 없고 싫음이 죽음보다 더한 것이 없으며 좋아하여 반드시 얻고자 함은 부귀보다 더한 것이 없다. 그러므로 진실로 그 정을 방임하여 억제하지 않는다면, 죽음을 피하고 삶을 따르고 부귀를 구할 수 있는 일이라면 무엇인들 못하겠는가. 여기서 인륜을 해치고 의리를 어그러뜨리는 관습과 임금을 배반하고 부모를 버리는 풍속이 만연해서 강물이 터지고 바다가 무너짐과 같아, 삼강三綱이 무너지고 구법九法이 문란하며 인류가 금수로 변하였다. 성인이 이를 근심하여 사람에게 먼저 그 본심을 세우라고 가르쳤다.

본심이란 무엇인가? 부자 사이의 인仁과 군신 사이의 의義는 하늘의 명령이자 자연의 법칙이다. 이것은 밖에 있지 않고 사람에게 본래 있는 것인데, 혹 그 도를 다하지 못하는 것은 욕망이 그것을 가리기 때문이다. 그 가림을 제거하고 본래 상태를 회복하면 본심이 서고 외물이 저절로 가벼워진다. 이것에 말미암으면 산다고 해도 하지 않는 것이 있고 죽음이 이르러도 피하지 않는 것이 있다. 의롭지 않은 부귀는 나에게 뜬구름과 같으니, 어찌 털끝 하나라도 움직일 수 있겠는가. 그러므로 이익을 추구하는 욕망은 홍수이고, 본심은 지주이다. 사람이 어찌 자신에게 지주를 못 세우면서 세상에 지주를 세울 수 있겠는가. 그러므로 무릇 환란의 위기 속에서 큰 절개를 세워 변치 않는 사람들은 모두 먼저 평소에 그 본심을 세워서 잃어버리지 않는 사람들이니, 바로 길재 선생이 이런 분이다.

저 욕망의 격랑 속에서 빠져 나오지 못하는 사람들이 선생의 풍모를 듣고 지주의 의義를 얻게 되면, 어찌 일상생활에서 분연히 스스로 반성하여 그 세운 본심으로써 횡류橫流를 막지 않을 수 있겠는가. 이 도가 행해지면 우주의 동량과 백성의 기둥이 세워지고 이 세상의 어둠도 거의 밝아질 수 있을 것이니, 이것으로 교훈을 삼으면 근사하지 않겠는가.

* 채미정採薇亭

채미정은 영조 44년(1768)에 길재의 충절과 학문을 기리기 위해 선산부사 민백종閔百宗과 경상감사 이은李溵의 주선으로 그가 은거하던 금오산 기슭(경상북도 구미시 남통동 249)에 세워진 정자이다.

길재가 세상을 떠난 후 이곳에 사당을 세워 제사 드리고 집과 강당을 열었으나, 임진왜란으로 소실되었다. 그 이후 왕래하는 선비들의 편리를 위해 낙동강 가에 복원되었는데, 그것이 바로 지금의 금오서원이다. 그 결과 유허비만 남은 옛터는 인적이 끊어지고, 마침내 가시덤불만 무성하게 우거져 그 자취를 알아볼 수조차 없게 되었다. 이에 1708년 이 지역 수령들과 유생들이 의견을 모아 이곳에 채미정을 창건하였다.

채미採薇는 고사리를 캔다는 뜻으로, 은殷이 망하고 주周가 들어서자 새로운 왕조를 섬길 수 없다며 수양산에 들어가 고사리

채미정

를 캐 먹으면서 충절을 지켰던 백이·숙제의 고사에서 따온 이름
이다. 다음은 이은李瀷이 쓴 「채미정기採薇亭記」의 한 대목이다.

> 야은 길재 선생은 백이·숙제의 풍모로 선산의 금오산에 은거
> 하였다. 선생이 돌아가신 뒤에 그곳에 사당을 세웠다가 임진
> 왜란으로 낙동강 가로 옮겨 세우니, 이제 그곳은 우거진 풀밭
> 이 되고 말았다. 아, 슬프다! 선생의 묘소는 인동의 오포烏浦에
> 있는데 지주중류라고 새겨져 있고, 선생이 한때 사시던 집이
> 금산에 있는데 또 백세청풍百世淸風이라 새겨져 있다.…… 후

인들만이 선생을 백이·숙제에게 견준 것이 아니라 선생 역시 자신을 백이·숙제에게 비유하였으니, "손수 국화를 꺾어 백이를 제사한다"라고 쓴 글귀가 있다. 그런데 유독 금오산 옛터에만 아직까지 사실을 기록한 자취가 없으니, 연대가 점점 멀어지면 누가 선생의 사당이 있었던 곳인 줄 알겠는가.…… 지주비가 만력 무자년(1588)에 이루어졌는데, 이제 세 번째 무자년(1768)에 채미정이 또 완성되니 역시 우연한 일이 아니다.

채미정 왼쪽에는 강학 공간인 구인재求仁齋가 있다. 구인이라는 말은 "백이는 인仁을 구하여 인仁을 얻었으니 또 무슨 원망이 있겠는가"(『論語』, 「述而」)라는 공자의 말에서 따온 것이다. 채미정 뒤에는 1694년에 김만증金萬增이 다시 세운 유허비('고려 문하주서 야은 길재 선생 유허비'라고 되어 있음)의 비각이 있어, 이곳이 길재가 은거하던 곳임을 알게 해 준다. 비각 옆에는 길재의 영정과 숙종이 직접 쓴 오언절구(御筆五言絶句)가 보존된 경모각景慕閣이 있다. 다음은 경모각에 보관되어 있는 숙종의 시이다.

금오산 기슭에 돌아와 누었으니	歸臥烏山下
맑은 풍모 엄자릉이네.	清風比子陵
임금께서 그 아름다움을 이루게 했으니	聖主成其美
사람들에게 절의를 권장함이었네.	勸人節義興

* 청풍사清風祠

충청남도 금산군 부리면 불이리에 있다. 길재가 초년에 시묘를 했던 곳에 현종 12년(1671) 후손과 고을의 선비들이 함께 불이사不二祠를 창건하여 숙종 3년(1678)에 길재의 위패를 봉안하였다. 그러나 영조 17년(1741)에 서원남설금령에 저촉되어 훼철된 후, 영조 37년(1761)에 금산군수 민백흥과 그 지역 유림이 백세청풍百世淸風 네 글자를 새긴 비를 그 자리에 세웠다. 그 후 1804년 다시 사당을 세웠으나 고종 5년(1868)에 또다시 철폐되었다. 1928년 청풍비각, 청풍사, 청풍서원이 중수되었다. 청풍사의 앞쪽에

청풍사 전경

백세청풍비각

백세청풍비

청풍사 지주중류비

는 백세청풍비百世淸風碑와 지주중류비砥柱中流碑가 있다.

* 삼은각三隱閣

충청남도 공주시 반포면 학봉리의 동학사 경내에 있다. 고려 말에 절의를 지킨 삼은三隱 즉 포은圃隱 정몽주·목은牧隱 이색·야은冶隱 길재의 위패를 모신 곳이다. 「동학사고적東鶴寺古蹟」에 따르면, 원래 이곳은 태조 3년(1394)에 길재가 동학사의 승려 영월影月·운선雲禪과 함께 단을 쌓고 고려의 세조(태조의 부)·

삼은각

태조·충정왕·공민왕의 초혼제 및 정몽주의 초혼제를 지낸 곳
이었다. 정종 원년(1399)에 유방택柳芳澤이 이곳에서 옛 임금의 초
혼제와 옛 친구인 정몽주와 이색의 초혼제를 지냈으며, 정종 2년
(1400)에 공주목사 이정간李貞幹이 그 자리에 전각을 세워 정몽주
와 이색의 위패를 모셨다. 세종 3년(1421)에 유방택의 아들 백순伯
淳이 그 전각에 길재를 추가로 모심으로써 삼은각이 되었다.

참고문헌

길재, 『야은선생언행습유治隱先生言行拾遺』.

문집국역간행추진위원회, 『국역 야은길선생문집』, 고려서적주식회사, 1965.

한국정신문화연구원, 『국역 야은집』, 도문사, 1980.

『조선왕조실록』(http://sillock.history.go.kr).

김용헌, 『조선성리학, 지식 권력의 탄생』, 프로네시스, 2010.

김충열, 『고려유학사』, 고려대학교 출판부, 1984.

박성봉 편, 『길야은연구논총』, 서문문화사, 1996.

김충열, 「길재의 명교자임한 숙세사상」, 『한국사상사학』 4·5, 서문문화사, 1993.

박성봉, 「야은 길재의 생애와 전통 삼은론」, 『한국사상사학』 4·5, 서문문화사, 1993.

박유리, 「길재의 의식세계와 은둔―「산가서」와 「후산가서」를 중심으로」, 『석당논총』, 1989.

송준호, 「여말 삼은의 시문과 성격―야은을 중심으로」, 『한국사상사학』 4·5, 서문문화사, 1993.

이장희, 「여말선초의 선비군과 길재의 위상」, 『한국사상사학』 4·5, 서문문화사, 1993.

이재호, 「길야은 절의고―여말 삼은 시비에 대한 검토」, 『한국사상사학』 4·5, 서문문화사, 1993.

이태진, 「길재 충절 추숭의 시대적 변천」, 『한국사상사학』 4·5, 서문문화사, 1993.

최영성, 「야은 길재와 그의 문도들의 도학사상」, 『한국학논집』 45, 계명대학교 한국학연구원, 2011.